Lange • Rollen, Gleiten, Fahren

Anja Lange

Erfolgreiche Spiele für Rollen, Gleiten und Fahren

Fahrrad, Rollbrett, Inliner, Skateboard, Skier, Schlitten und Schlittschuhe

Limpert Verlag Wiebelsheim

Die Ratschläge in diesem Buch sind von der Autorin und dem Verlag sorgfältig erwogen und geprüft, dennoch kann keine Garantie übernommen werden. Eine Haftung der Autorin bzw. des Verlages und seiner Beauftragten für Personen-, Sach- und Vermögensschäden ist ausgeschlossen.

Bibliografische Information Der Deutschen Bibliothek
Die Deutsche Bibliothek verzeichnet diese Publikation in der Deutschen Nationalbibliografie; detaillierte bibliografische Daten sind im Internet unter http://dnb.ddb.de abrufbar.

1. Auflage 2009
© 2009 by Limpert Verlag GmbH, Wiebelsheim
www.verlagsgemeinschaft.com

Das Werk einschließlich aller seiner Teile ist urheberrechtlich geschützt. Jede Verwertung außerhalb der engen Grenzen des Urheberrechtsgesetzes ist ohne Zustimmung des Verlages unzulässig und strafbar. Dies gilt insbesondere für Vervielfältigungen auf fotomechanischem Wege (Fotokopie, Mikrokopie), Übersetzungen, Mikroverfilmungen und die Einspeicherung und Verarbeitung in elektronischen und digitalen Systemen (CD-ROM, DVD, Internet, etc.).

Fotos: Anja Lange (wenn nicht anders angegeben)
Zeichnungen: Scott Krausen, Mönchengladbach
Satz: Ulrich Vössing, Lüneburg
Druck und Verarbeitung: M. P. Media-Print Informationstechnologie, Paderborn
Printed in Germany/Imprimé en Allemagne
ISBN 978-3-7853-1767-9

Inhalt

Einleitung..................... 6

Fahrrad..10
Spielformen und Kunststücke alleine............. 12
Spielformen und Kunststücke zu zweit........... 16
Spielformen und Spiele................................ 18
Rennen (für 2 oder mehrere Fahrer) 30
Spiele mit dem Ball 38
Staffeln 41

Rollbrett.. 43
Spielformen alleine 44
Spielformen zu zweit 45
Spielformen und Spiele.................................... 46
Fangspiele..57
Staffeln 62

Inlineskates 63
Spiel- und Übungsformen alleine 64
Spiel- und Übungsformen zu zweit 67
Spiele und Spielformen...................................... 69
Ballspiele.. 82
Rennen 89
Fangspiele.. 94

Skateboard..106
Spiel- und Übungsformen alleine 107
Spiel- und Übungsformen zu zweit 110
Spiele und Spielformen......................................111
Ballspiele...118

Skier..120
Spiel- und Übungsformen alleine 120
Spiel- und Übungsformen zu zweit 122
Spiele und Spielformen.................................... 123
Rennen...124
Fangspiele.. 127
Spiele am Hang.. 130
Staffeln 135

Schlitten 136
Spiel- und Übungsformen alleine 136
Spiel- und Übungsformen zu zweit 137
Spiele und Spielformen in der Ebene 138
Spiele am Hang..140
Staffeln 142

Schlittschuhe 144
Spiel- und Übungsformen alleine 144
Spiel- und Übungsformen zu zweit 146
Spiele und Spielformen in der Gruppe 147
Fangspiele... 156
Spiele zum Eishockey...................................... 162

Staffeln 164

Weiterführende Literatur 173

Einleitung

Das Bewegungsfeld Rollen, Gleiten und Fahren hat sehr viele Gesichter. Es umfasst
- die Fortbewegung auf Rollen, z.B. mit Inlineskates, Rollbrettern, Skateboards, Skirollern, Snakeboards, Rollschuhen oder Pedalos,
- das Fahren mit Fahrrädern, Einrädern, Rollern, Scootern (zusammenklappbare Aluminiumroller), Kickboards (Roller mit drei Rädern und einer Lenkstange), Go-Carts, Seifenkisten oder Bobby-Cars sowie
- das Gleiten auf Skiern, Teppichfliesen, Schlittschuhen, Gleitschuhen, Snowblades, Snowboards, Big Foot, Schlitten, Surfboards, Wakeboards, Skimboards (Schlitterbretter für das flache Wasser), Bodyboards, Kajaks, Ruder- oder Segelbooten.

Auch Mattenrutschen auf einer Weichbodenmatte, das Rollen mit einer Bank, unter der Gymnastikstäbe liegen, Schlittern oder die Fahrt auf einem Mattenwagen ermöglichen einfache Roll-, Gleit- oder Fahrerlebnisse. Diese Liste ließe sich sicherlich noch vielfältig erweitern, zumal immer wieder neue Sporttrends und Geräte entwickelt werden, die diesem Bereich zuzuordnen sind.

Egal ob auf dem Wasser, zu Land, im Schnee oder auf Eis, Rollen, Gleiten und Fahren kann auf unterschiedlichem Untergrund stattfinden. Es ermöglicht vielfältige Naturerlebnisse und zwingt die Fahrer, sich an verschiedene Streckenneigungen und Untergrundbeschaffenheiten anzupassen und sich gegebenenfalls mit Wind und wechselnder Witterung auseinanderzusetzen. Somit werden hohe Anforderungen an die Anpassungs- und Umschaltfähigkeit der Fahrer gestellt. Räume werden „erfahren" und in neuer, ungewohnter Weise wahrgenommen.

Die Fortbewegung auf Rollen und Rädern und das Gleiten schulen in starkem Maße die Gleichgewichtsfähigkeit. Alle Bewegungen erfordern das Halten der Balance, um nicht zu stürzen, jede Veränderung des Körperschwerpunktes wirkt sich direkt auf das Fahrverhalten aus. Die eigene Körperposition muss immer wieder neu auf ständig wechselnde Gegebenheiten angepasst werden.

Rollen, Gleiten und Fahren bedeuten Wagnis. Der Fahrer kann seine Geschwindigkeit selbst beeinflussen, indem er beschleunigt, bremst, einen bestimmten Weg, ein Gelände oder eine Fahrspur aussucht. Er wird immer wieder seine Grenzen und Möglichkeiten im Umgang mit dem Material und den äußeren Bedingungen erkunden und weiter ausreizen. Das bedeutet, dass jeder Fahrer seinen individuellen Schwierigkeitsgrad selbstständig auswählen und abschätzen kann und muss und immer ein kalkuliertes Risiko zulässt.

Das Lernen im Bewegungsfeld Rollen, Gleiten, Fahren erfolgt durch die Beobachtung und den Austausch mit anderen oder durch eigenes Ausprobieren. Lösungen werden eigenständig gefunden und umgesetzt. Mit dem neu gewonnen Können werden anschließend neue Aufgaben in Angriff genommen. Es findet also meistens ein erprobendes spielerisches Lernen statt.

Kleine Spiele zum Rollen, Gleiten und Fahren

Sowohl Spiele an sich als auch das Bewegungsfeld Rollen, Gleiten, Fahren besitzen einen hohen Aufforderungscharakter. Bevor man jedoch anfängt zu spielen, sollten in jedem Fall zunächst grundlegende Techniken wie Beschleunigen, Bremsen und Lenken oder Steuern gelernt und beherrscht werden. Die Spieler müssen sowohl ihre Geschwindigkeit regulieren und kontrollieren als auch die Fahrtrichtung steuern können. Dieses ist eine zwingend notwendige Voraussetzung für ein sicheres und verantwortungsbewusstes Fortbewegen unter veränderten Gegebenheiten.

Weil man bei Spielen nie alleine ist, muss zusätzlich gelernt werden, die eigene Geschwindigkeit und die der Partner einzuschätzen, will man Zusammenstöße vermeiden. Sicherheitsvorschriften und -maßnahmen müssen ernst genommen werden. Ein sachgerechter und verantwortungsbewusster Umgang mit dem Material und ein sicherheitsbewusstes Verhalten sollten selbstverständlich sein.

Wie bei anderen Spielen auch kommen die Teilnehmer mit unterschiedlichen Voraussetzungen und zum Teil unterschiedlichem Material zum Spiel. Trotzdem sollte jeder Spieler aktiv am Spielgeschehen teilnehmen können. Voraussetzung dafür ist, dass alle Teilnehmer die notwendigen Mindestanforderungen beherrschen. Sonst passiert es, dass Spieler zwar gute taktische Ideen haben, diese aber nicht umsetzen können, weil das notwendige Beherrschen des Sportgeräts nicht gegeben ist. Diese Problematik tritt zwar beispielsweise bei Ballsportarten auch auf, jedoch besteht hier weniger die Gefahr, andere Spieler zu verletzen.

Das Spieltempo ist durch die höhere Geschwindigkeit schneller. Die Spieler müssen noch schneller wahrnehmen, reagieren und umschalten. Spiele entwickeln zusätzlich noch eine oft nicht vorhersehbare Eigendynamik. Die Spieler müssen immer wieder auf sich verändernde

Spielsituationen reagieren und sich auf neue Spielsituationen einstellen.

Kleine Spiele im Sport zeichnen sich dadurch aus, dass sie
- keine amtlichen Wettkampfbestimmungen haben. Somit sind die Regeln variabel und können jederzeit auch neu erfunden werden,
- an variablen Orten mit unterschiedlichen Spielfeldern gespielt werden können,
- keine lange Vorbereitung brauchen, weder inhaltlich noch organisatorisch,
- kein Material brauchen oder mit nur wenig Material auskommen und
- teilweise einen Wettkampfcharakter besitzen aber auch aus Freude am Miteinander ohne die Ermittlung von Siegern gespielt werden können.

Die Spieler können in Kleinen Spielen
- neue Erfahrungen sammeln,
- sich mit anderen messen,
- gemeinsam innerhalb einer Mannschaft handeln und lernen, Handlungen aufeinander abzustimmen,
- Kooperationsfähigkeit entwickeln,
- soziales Verhalten lernen: einer braucht den anderen, um den Spielgedanken am besten zu verwirklichen und es gilt sich in den Prozess des Spielens ein- und unterzuordnen, Rücksichtslosigkeit, Egoismus und Überheblichkeit haben im Spiel nichts zu suchen,
- Freude am Spiel entwickeln,
- Spielregeln verstehen, anwenden und verändern,
- selbstständige Entscheidungen treffen,
- Stärken und Schwächen kennen lernen sowie
- Fairness lernen. Die Gegner müssen respektiert werden, Regeln eingehalten werden und man muss verlieren können.

Organisation
- Material
Das Problem der hohen Materialkosten beim Rollen, Gleiten oder Fahren reduziert sich in der Regel dadurch, dass ein Großteil der Spieler eine eigene Ausrüstung besitzt. Zusätzlich bietet sich in den letzten Jahren verstärkt die Möglichkeit, über das gestiegene Engagement von Sportartikelherstellern kostengünstig oder sogar kostenfrei Ausstattungen für Schulen oder Vereine zu erwerben.

- Spielfeld
Durch das zum Teil deutlich höhere Tempo müssen Spielfelder größer sein und genügend Auslauf zu allen Seiten bieten. Ferner sollten sie frei von Hindernissen und Gefahrenquellen wie Bäumen, kleinen Steinen oder Hindernissen sein.

- Spieler
Die Spieler sollten deutlich gekennzeichnet werden und die entsprechende komplette Schutzausrüstung tragen.

- Spielregeln
Es sollten zunächst nur diejenigen Spielregeln festgelegt werden, die zum schnellen Erfassen der Spielidee nötig sind. Im Verlaufe des Spiels sollten die Spieler aktiv an der Gestaltung des Spiels beteiligt werden, Verbesserungsvorschläge unterbreiten und Regeln verändern.

- Spielleiter
Ein Spielleiter sollte eigenen Spaß und Freude am Spielen auf die Teilnehmer überspringen lassen und Spieler begeistern können. Er muss einerseits Kreativität und Mitgestaltung der Spieler zulassen, andererseits aber auch erzieherisch einwirken hinsichtlich Fairness und sozialem Verhalten.
Funktioniert ein Spiel nicht so wie geplant, muss ein Spielleiter den Mut zu Veränderungen und Spielstopps haben und erkennen, wann die Spielfreude nachlässt und ein Spiel langweilig wird. Wichtig ist es, den Überblick zu behalten und den Sieger eindeutig bestimmen zu können.

- Spieldauer
Die Dauer eines Spiels sollte nicht zu knapp bemessen sein, damit die Spieler die Grundzüge eines Spiels überhaupt erfassen können. Taktisch kluges oder kooperatives Spielen gelingt bei neuen Spielen erst nach einer Zeit der Eingewöhnung. Es ist nicht ratsam, ein Spiel ständig von außen zu unterbrechen, weil es dann sein kann, dass die Spieler sich nicht in ein Spiel vertiefen können und in seinen Bann gezogen werden. Es kann kein Spielfluss entstehen.

- **Kennzeichnung der Mannschaften**

Es bietet sich an, die Spieler mit Leibchen oder Mannschaftsbändern zu kennzeichnen.

- **Variationsmöglichkeiten**

Bei vielen Spielen können die Fortbewegungsart, die Spielfeldgröße oder Spielerzahl sowie die Spielregeln und die Wertung verändert werden. Es können Hindernisse eingebaut, Zusatzaufgaben gestellt oder die Organisationsform verändert werden.

Aufbau der Spielesammlung

Diese Spielesammlung bietet Lehrern und Übungsleitern jeweils eine Beschreibung der Spielidee und anschließend Hinweise zur Spielerzahl, zum benötigten Material, zum Ort sowie zur ungefähren Dauer. Mögliche Variationen runden die Darstellung ab. Bei der Spielerzahl wird immer das Minimum an Spielern angegeben, das zur Spieldurchführung nötig ist. Nach oben sind bei geeigneter Organisation keine Grenzen gesetzt. Auch bei der Spieldauer wird lediglich eine Mindestdauer angegeben, die nicht unterschritten werden sollte. Natürlich kann und sollte die Spieldauer bei entsprechendem Spielverlauf beliebig verlängert werden. Variiert werden können die Art der Fortbewegung, das Spielfeld, die Spielerzahl, die Spielregeln, die Wertung und es können Zusatzaufgaben, Hindernisse oder weiteres Material eingebaut werden.

Es werden Spiele mit dem Fahrrad aus dem Bereich Fahren vorgestellt, Spiele mit dem Rollbrett, mit Inlineskates und Skateboards aus dem Bereich Rollen sowie Spiele zum Gleiten auf Skiern, Schlitten und Schlittschuhen, weil diese Materialien häufig vorhanden oder leichter zu beschaffen sind. Viele Spiele können jedoch problemlos auf Einräder, Snakeboards, Snowboards, Roller oder andere Fahrzeuge übertragen werden. Weil die Struktur dieses Buches sich an den Fahrzeugen orientiert und einige Spiele natürlich mit unterschiedlichen Fahrzeugen möglich sind, kommt es vor, dass einige Spiele in etwas abgeänderter Form in mehreren Kategorien auftauchen.

Fahrrad

Radfahren ist, sofern es richtig betrieben wird, ein umweltfreundlicher und gesundheitsfördernder Sport, der nahezu ein Leben lang betrieben werden kann. Es kommt zu einer geringen Belastung des Bewegungsapparates, da das Körpergewicht vom Sattel getragen wird. Insbesondere Jugendliche nutzen das Fahrrad auf dem Weg zur Schule, als Transportmittel in der Freizeit oder auch als Sportgerät.

Unter der zentralen Forderung an den Schulsport, der Anregung zu lebenslangem Sporttreiben, kommt dem Radsport eine hohe Bedeutung zu. Im Schulalltag jedoch treffen die Lehrkräfte auf vielfältige Schwierigkeiten, wenn sie Fahrräder im Sportunterricht einsetzen wollen. Zum einen findet die Lehrkraft sehr unterschiedliches Material vor oder die Fahrräder der Schülerinnen und Schüler sind häufig in einem desolaten technischen Zustand. Zum anderen kann man natürlich nicht in der Sporthalle Fahrrad fahren. Allerdings eignen sich häufig sowohl der Schulhof, der beispielsweise von Grundschulen zur Vorbereitung des Fahrrad-Führerscheins genutzt wird, als auch ein Sportplatz mit einer Aschenbahn. Ein geeignetes Gelände in der näheren Umgebung findet sich fast immer.

Aus sportdidaktischer Sicht können grundlegende sportliche Fähigkeiten und Fertigkeiten mit dem Rad vermittelt oder eingeübt werden: Die Gleichgewichts- und Orientierungsfähigkeit, das Raum-, Tempo- und Distanzgefühl sind nur einige Beispiele für mögliche Zielsetzungen, die auch auf begrenztem Raum wie dem Schulhof oder auch auf dem Sportplatz realisiert werden können. Unter dem Aspekt der Ausdauerschulung lassen sich durch die Einbeziehung des Fahrrades altersgemäße und motivierende Übungs- und auch Spielformen durchführen.

Grenzerfahrungen sind wichtige Komponenten bei der Persönlichkeitsentwicklung. Der Einsatz von Mountainbikes ermöglicht den gezielten Umgang mit Angst und Wagnis, was sich in mehreren Fällen positiv auf das Risikoverhalten auswirkt.

Ein Helm sollte selbstverständlich immer Pflicht sein. Extremfahrer im Gelände sind mit einem Integralhelm, Oberkörperpanzer, verstärkten Handschuhen, Handgelenk-, Ellbogen-, Knie- und Schienbeinschonern ausgerüstet.

Mittlerweile ist der Fahrradmarkt fast schon unüberschaubar geworden. Die wichtigsten Radtypen sollen im folgenden kurz vorgestellt werden:

- Trekkingräder, auch ATB oder Crossbikes genannt, die von der Reifenbreite und dem Reifenprofil zwischen Rennrad und Mountainbike einzuordnen sind. Sie haben 28" Räder, eine Kettenschaltung mit 3 Kettenblättern und häufig einen Gepäckträger.
- Tourenräder werden auch Stadträder oder Cityräder genannt. Sie sind schwer und haben meistens eine 3-Gang Nabenschaltung.
- Rennräder wiegen 6 bis 11kg, haben sehr schmale Felgen, schmale 27" Schlauchreifen und einen Rennlenker, der schmaler ist und verschiedene Griffpositionen ermöglicht. Bei Rennrädern sind ausschließlich Kettenschaltungen üblich, Profiräder haben 2x10 Gänge. Rennräder haben keine Gepäckträger, Schutzbleche und Beleuchtung.
- Bahnräder haben 27" Räder, keine Bremsen, keine Schaltung und keinen Freilauf. Aufgrund ihrer starren Hinterradnabe muss immer getreten werden.
- Mountainbikes, MTBs, sind robuste Räder mit 26" Rädern zum Fahren in unbefestigtem, bergigen Gelände. Typische Merkmale sind ein stabiler, relativ kleiner Rahmen, eine Kettenschaltung mit 21 bis 27 Gängen, Federgabeln und häufig Scheibenbremsen.
- Trailbikes sind sehr leicht und kleiner (20" Raddurchmesser), haben eine geringe Rahmenhöhe, keine Federung und nur einen oder wenige Gänge, weil nur kleine Übersetzungen gebraucht werden.
- BMX-Räder mit überwiegend 20" Rädern und 36 oder 48 Stahlspeichen haben keine Schaltung. Die Zahl der Bremsen schwankt je nach Einsatzbereich von keiner bis zwei.

- Dirt-Bikes sind stabile Mountainbikes mit sehr kleinem Rahmen von 12" oder 16" zum Springen.
- Radballräder haben eine starre Übersetzung, mit der ein Rückwärtsfahren und Stehen im Tor möglich ist. Der nach oben gebogene Lenker bietet bessere Möglichkeiten, den Ball mit dem Vorderrad zu spielen. Durch die waagerechte Sattelstange hat der Spieler mehr Bewegungsfreiheit und eine bessere Balance.
- Kunsträder sind handgeschweißt und weder verkehrssicher noch straßentauglich. Durch eine 1:1 Übersetzung ist es möglich, ohne Pedalkontakt weiter zu fahren und rückwärts zu fahren. Auf Lenker und Sattel kann man mit Gymnastikschuhen stehen. Zusätzlich gibt es Dornen, Auftritte, in Verlängerung der Achsen.

Spielformen und Kunststücke alleine

Das Fahrradfahren bietet eine Vielzahl an Herausforderungen. Je besser man das Rad beherrscht, desto sicherer fährt man, und desto besser kann man auf ungewohnte Situationen reagieren um Stürze oder Unfälle zu vermeiden. Die folgenden Spielformen und Kunststücke kann man alleine ausprobieren und üben, aber auch größeren Gruppen immer wieder als Aufgaben stellen.

1. Den rechten Fuß auf die linke Pedale stellen und mit dem linken Fuß rollern.
   Variationen: Das Gleiche auch mit dem anderen Fuß und rückwärts ausprobieren.
2. Einhändig fahren sowohl mit links als auch mit rechts.
   Variationen:
   Einhändig Kurven und Slalom fahren, einhändig im Stehen fahren.
3. Mit nur einer Hand und einem Fuß fahren (gleichseitig und diagonal)
4. Freihändig fahren: mit und ohne zu treten
5. Mit überkreuzten Händen fahren (geradeaus, Kurven zu beiden Seiten)
6. Mehrere Achten fahren zum Beispiel als Endlosschleife um 2 Markierungshütchen.
   Variation:
   In beide Richtungen fahren.
7. Auf einer Kreidelinie, einem Brett oder an der Bordsteinkante entlang rollen und fahren.
   Variation: So langsam wie möglich fahren.
8. Einen Buchstaben, eine Zahl oder einen Namen mit dem Fahrrad schreiben. Variation: Durch eine Pfütze fahren und anschließend mit nassem Reifen malen und das Kunstwerk überprüfen.
9. Schnecke: Einen immer kleiner werdenden Kreis fahren (in beide Richtungen).
10. Über eine Wippe fahren (z.B. über ein Brett, das auf einem Baumstamm oder dicken Ast liegt).
11. Im Damensitz fahren: beide Beine sind auf der gleichen Seite des Fahrrades. Getreten wird nur mit einem Fuß auf einem Pedal.
12. Das Fahrrad beschleunigen und anschließend auf dem Rad eine Standwaage machen: ein Knie befindet sich auf dem Sattel und das andere Bein wird waagerecht nach hinten weggestreckt, beide Hände halten den Lenker.

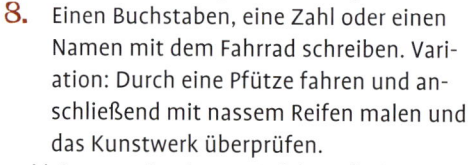

13. Nicht auf dem Sattel, sondern auf dem Gepäckträger sitzen und fahren.
Variation:
Zusätzlich dabei einen Luftballon zwischen Gepäckträger und Gesäß einklemmen.
14. Eine vorgegebene Strecke nur mit dem linken oder dem rechten Fuß fahren.
15. Das Fahrrad beschleunigen und sich auf den Gepäckträger stellen, die Hände befinden sich am Lenker.
16. Rückwärts auf den Lenker setzen, die Hände halten den Lenker fest, die Füße treten. 
17. Auf dem Fahrrad stehen und sich rollen lassen. Dabei das Rad zu einer Seite kippen. Wie weit kann ich kippen ohne umzufallen?
Variation:
Beide Füße stehen auf einer Pedale.
18. Mit dem Fahrrad hüpfen oder springen.
Variation:
Frontal oder seitlich über Seile oder Gegenstände springen.
- Das Vorderrad wird angehoben, indem die Arme es nach oben ziehen. Das Hinterrad wird angehoben, indem der Fahrer mit den Füßen um die Pedale greift und mit den Füßen das Hinterrad nach oben zieht.
- Beim Hüpfen werden beide Räder gleichzeitig nach oben gezogen.
19. Stehen und ausbalancieren: zuerst mit dem Vorderrad an einer Mauer, einem Bordstein oder Baum stehen. Beide Füße stehen auf gleicher Höhe, das stärkere Bein befindet sich auf der vorderen Pedale. Nicht auf den Sattel setzen. Jetzt Druck auf die vordere Pedale geben und beide Bremsen ziehen.
Anschließend ohne die Hilfe von Mauer, Baum oder Bordstein das Ausbalancieren probieren: Dabei befinden sich die Schultern senkrecht über dem Lenker und der Körperschwerpunkt vor dem Tretlager.

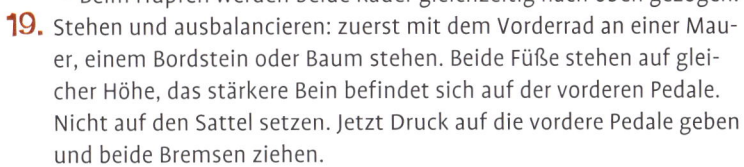

20. Hindernisse überrollen und überfahren: Bretter, eine Palette, einen größeren Ast, eine Bordsteinkante...
21. Mehrmaliges Antreten und Bremsen nur im Stehen
22. Wiegetritt fahren im Stehen

23. 2 oder mehr parallel hintereinander versetzt aufgestellte Hürden durchfahren (Skizze) oder eine Durchfahrt auf einem Rad- oder Wanderweg, ohne mit den Füßen den Boden zu berühren

24. Wheelie (Fahren auf dem Hinterrad): Langsam fahren, beide Pedalen waagerecht stellen und aufhören zu treten. Anschließend das Vorderrad nach unten drücken, den Lenker nach oben ziehen und kräftig treten. Danach die Arme strecken und das Körpergewicht nach hinten verlagern. Droht das Fahrrad wieder nach vorne zu fallen, kräftiger treten. Droht es nach hinten zu fallen, die Hinterbremse ziehen. Empfehlenswert sind ein kleines Kettenblatt vorne und ein mittleres hinten. Knie und Beine sollten das Balancieren unterstützen.

25. Driften (Rutschen) beim Kurven Fahren durch Ziehen der Hinterradbremse, dabei das Hinterrad bis zum Stillstand driften lassen

26. Schalten: Nicht alle Kombinationen schalten. Eine zu schräge Kettenlinie bewirkt eine ungünstige Kraftübertragung und eine hohe Abnutzung.

Im Gelände

27. Eine steile Abfahrt herunter fahren:
- Dabei das Gewicht hinter den Sattel verlagern und gleichmäßig bremsen
- 1 bis 4 Treppenstufen herunter fahren

28. Steile Bergauf-Passagen fahren:
- Das Gewicht möglichst gleichmäßig auf Vorder- und Hinterachse verteilen

Mit einem Ball

29. Mit dem Vorderrad einen Ball führen, auch Slalom.
30. Beim Fahren einen Ball dribbeln, auch Slalom, auch Korb- oder Zielwürfe.
31. Beim Fahren einen Ball mit dem Fuß führen, auch Slalom, auch auf Ziele schießen.
32. Beim Fahren mit dem (Eis-) Hockeyschläger einen Ball führen, auch Slalom.
33. Beim Fahren einen Ball von der linken in die rechte Hand werfen und umgekehrt.
34. Beim Fahren einen Ball um den Körper kreisen.
35. Parallel zu einer Hauswand oder Mauer fahren, dabei einen Ball gegen die Wand passen und anschließend den Ball wieder fangen.

Slalom

36. Einen Slalomparcours durchrollen ohne zu treten.
37. Einen Slalomparcours einhändig oder freihändig fahren.
38. Jedes Hütchen des Parcours einmal komplett umrunden.
39. Einen Slalomparcours fahren durch Driften (Rutschen beim Kurven fahren durch Ziehen der Hinterradbremse) und anschließendes Antreten.
40. Einen Slalomparcours im Stehen durch Kippen fahren.
41. Beim Durchfahren des Slalomparcours mit dem Vorderrad rechts um ein Hütchen fahren und mit dem Hinterrad links herum. Variationen bei allen Slalomformen sind: weiter Slalom, enger Slalom, Geschwindigkeit verändern, auf einer Linie oder seitlich versetzt fahren

Spielformen und Kunststücke zu zweit

1. A und B fahren nah nebeneinander. B fährt links neben A. A nimmt die Füße von den Pedalen, B tritt mit dem linken Fuß seine linke Pedale und mit seinem rechten Fuß die linke Pedale seines Partners.
Variation:
A stellt gleichzeitig seine Füße auf seinen Lenker und lenkt mit ihnen.

2. Zu zweit auf einem Rad fahren: Partner A sitzt auf dem Sattel, Partner B fährt ihn im Stehen.
Variationen:
B sitzt auf dem Sattel und tritt, A sitzt auf dem Gepäckträger, auf der Stange, auf dem Lenker oder A steht auf dem Gepäckträger

3. 2 Fahrer fahren nebeneinander und fassen mit ihrer inneren Hand jeweils den Lenker des Partners.

4. Der Partner zeigt Zahlen oder Buchstaben im Rücken des Fahrers. Dieser muss erkennen welche, indem er sich nach hinten sowohl rechts als auch links herum umschaut. Wer erkennt mehr Zeichen?

5. Beide Fahrer tauschen beim Fahren eine Jacke.

6. Nebeneinander fahren und genau im gleichen Rhythmus treten. Variation: A schaltet, B muss einen passenden Gang finden.

7. 2 Partner fahren nebeneinander und halten in der Fahrt einen Luftballon in der Luft

8. 2 Partner werfen sich in der Fahrt einen Tennisball oder Gymnastikball zu.
Variation:
Zweierlauf, Zweierlauf auf einen Basketballkorb mit anschließendem Wurf

9. 2 Spieler fassen sich an und versuchen, nur durch Ziehen – nicht durch Treten – vorwärts zu kommen.

10. Abstimmen: 2 Fahrer fahren von 2 weit auseinander liegenden Startpositionen gleichzeitig los. Ziel ist es, eine zwischen ihnen liegende Ziellinie gleichzeitig zu überfahren.

11. 2 Fahrer legen sich die Arme auf die Schultern und versuchen so, eine 8 zu fahren (in beide Richtungen).
12. Schattenfahren: Der Vordermann bestimmt sowohl, welcher Weg gefahren wird als auch in welcher Weise oder mit welchen Kunststücken.
13. Einen Zopf flechten: Partner A und B wechseln fortlaufend durch Kreuzen ihre Spur.
14. 2 Fahrer lehnen sich mit den Schultern gegeneinander und versuchen so auf einer geraden Linie entlang zu fahren.
    Variation:
    Aus langsamer Fahrt nebeneinander anhalten und sich gegenseitig mit der Schulter abfangen.
15. Partner A und B fahren nebeneinander und sollen so schnell wie möglich beim Fahren auf einem Kettenblatt vom kleinsten in den größten Gang schalten und wieder zurück, ohne einen Gang auszulassen.
16. Blindfahrt: Ein Spieler bekommt die Augen verbunden und muss „blind" eine kurze vorgegebene geradeaus führende Strecke zurücklegen und so nah wie möglich an einer markierten Ziellinie anhalten. Der Partner kann durch Rufe helfen.
    Variation: Mit verbundenen Augen einen Slalom fahren, ein Partner läuft nebenher und hilft durch Zurufe.
17. Windschatten fahren: So eng wie möglich an das Hinterrad des Vordermanns heranfahren, ohne es zu berühren und folgen.
18. Führen und Ablösen: Der Vordermann macht das Tempo, schert nach einiger Zeit seitlich aus und schließt sich hinter seinem Partner wieder an.

Spielformen und Spiele

Begrüßungsspiel

Spielidee:
Alle Fahrer fahren frei durcheinander. Immer wenn sich 2 Fahrer begegnen, geben sie sich kurz die Hand und nennen ihren Namen.
Spielerzahl:
ab 2
Material:
für jeden Spieler ein Fahrrad
Ort:
Schulhof
Zeit:
ab 3 Minuten

Dreierfahrt

Spielidee:
Es werden Dreiergruppen gebildet. 2 Spieler nehmen einen dritten Spieler in die Mitte und fahren ihn rückwärts.

Spielerzahl:
ab 3
Material:
für jeden Spieler ein Fahrrad
Ort:
Schulhof, Parkplatz
Zeit:
ab 3 Minuten

Auf welches Rad passen die meisten Fahrer?

Spielidee:
Ziel ist es, mit so vielen Spielern wie möglich auf einem Rad zu fahren.

Spielerzahl:
ab 8
Material:
für jede Gruppe ein Fahrrad
Ort:
Schulhof, Parkplatz
Zeit:
5 Minuten

Bierdeckel sammeln

Spielidee:
Ziel ist es, so viele Bierdeckel wie möglich einzusammeln und in einen Eimer zu legen oder zu werfen. Es liegen mindestens fünfmal so viele Bierdeckel im Spielfeld verteilt auf dem Boden wie es Spieler gibt. Jeder Spieler hat einen Eimer, in dem er die Bierdeckel sammelt. Alle Spieler starten gleichzeitig. Gespielt wird so lange bis alle Bierdeckel in den Eimern sind. Wer hat am Ende die meisten Bierdeckel? Wichtig: Es darf pro Fahrt nur ein Bierdeckel gesammelt werden!

Spielerzahl:
ab 2

Material:
mindestens 5 Bierdeckel pro Spieler, für jeden Spieler einen Eimer, für jeden Spieler ein Fahrrad

Ort:
Schulhof, Sportplatz

Zeit:
3 - 5 Minuten

Variationen:
Für jeden Spieler liegen 5 bis 10 Tennisbälle auf der Strecke zu seinem gegenüberliegenden Eimer verteilt auf dem Boden. Auf Kommando starten alle Spieler gleichzeitig, heben einen Tennisball auf, fahren zu ihrem Eimer und werfen oder legen den Ball hinein. Anschließend müssen sie zu ihrem Starthütchen zurückfahren und es umrunden, bevor sie den nächsten Ball aufheben dürfen. Landet der Ball nicht im Eimer, muss dieser Ball zunächst wieder eingesammelt werden. Wer zuerst alle Bälle im Eimer hat, ist Sieger.

Vereinfachung:
Die Bierdeckel oder Bälle liegen auf Eimern oder Hütchen

Laufrad-Fangen

Spielidee:
Alle Spieler fahren mit einem so niedrigen Sattel, dass sie sich wie auf einem Laufrad fortbewegen. Der Fänger ist mit einem Mannschaftsband gekennzeichnet und versucht, einen anderen Spieler zu berühren. Gelingt dieses, übernimmt der gefangene Spieler das Mannschaftsband und wird neuer Fänger.

Spielerzahl:
ab 4

Material:
Hütchen, Mannschaftsband, für jeden Spieler ein Fahrrad mit sehr niedrigem Sattel

Aufbau:
mit Hütchen ein großes Spielfeld markieren

Ort:
Schulhof

Zeit:
beliebig

Formationsfahren

Spielidee:
Mehrere Spieler fahren gemeinsam in einer ausgedachten oder vorgegebenen Formation, z.B. als Acht, Stern, Dreieck, Kette, Pfeil oder Rechteck.

Spielerzahl:
ab 8
Material:
für jeden Spieler ein Fahrrad
Ort:
Parkplatz, Schulhof
Zeit:
ab 5 Minuten

Paare finden

Spielidee:
Es werden die Karten eines Memoryspiels auf dem Schulhof oder Parkplatz verdeckt verteilt. Alle Spieler fahren umher, ohne eine Karte zu berühren. Auf Pfiff des Spielleiters dreht jeder Spieler 2 Karten um. Ist es ein Pärchen, darf er die Karten behalten. Ist es kein Pärchen, muss er beide Karten wieder umdrehen. Welcher Spieler hat nach Ablauf der Spielzeit die meisten Pärchen?

Spielerzahl:
ab 4
Material:
Memoryspiel, für jeden Spieler ein Fahrrad
Ort:
Parkplatz oder Schulhof
Zeit:
ab 15 Minuten

Atomspiel

Spielidee:
Alle Spieler fahren durcheinander. Auf Kommando des Spielleiters „Atom 3" müssen immer 3 Fahrer gemeinsam mit Hand- oder Schulterfassung so lange weiter fahren, bis der Spielleiter die Atome wieder auflöst.
Spielerzahl:
ab 8
Material:
für jeden Spieler ein Fahrrad
Ort:
Schulhof, Parkplatz
Zeit:
ab 3 Minuten
Variation:
Die genannten Atome müssen auf einem Fahrrad gemeinsam weiter fahren.

Gegenstände suchen

Spielidee:
Alle Spieler fahren auf dem Schulhof umher. Der Spielleiter ruft Materialien wie Holz, Eisen oder Stein, die jeder Spieler möglichst schnell berühren soll.

Spielerzahl:
ab 3
Material:
für jeden Spieler ein Fahrrad
Ort:
Schulhof
Zeit:
ab 3 Minuten
Variation:
Der Spielleiter ruft Farben, die möglichst schnell berührt werden müssen.

Durcheinander

Spielidee:
Alle Spieler fahren in einem mit Hütchen markierten Feld. Wer herausfährt, das Fahrrad eines anderen Spielers oder den Boden berührt, scheidet aus oder bekommt einen Strafpunkt. Der Spielleiter verkleinert von Zeit zu Zeit das Feld.

Spielerzahl:
ab 2
Material:
Hütchen zur Spielfeldmarkierung, für jeden Spieler ein Fahrrad
Ort:
Schulhof
Zeit:
5 Minuten

Balancierwettkampf

Spielidee:
Wer kann am längsten auf der Stelle stehen? Derjenige, der zuerst mit den Füßen den Boden berührt, bekommt einen Strafpunkt.
Spielerzahl:
ab 2
Material:
für jeden Spieler ein Fahrrad
Ort:
Schulhof, Gelände
Zeit:
beliebig

Stopp-Fahren

Spielidee:
Alle Spieler fahren durcheinander. Wenn der Spielleiter „Stopp" ruft, müssen alle Spieler so schnell wie möglich anhalten. Wer als letzter steht, bekommt einen Minuspunkt.

Spielerzahl:
ab 2
Material:
für jeden Spieler ein Fahrrad
Ort:
Schulhof, Gelände
Zeit:
beliebig
Variation:
Nach dem Stoppen müssen die Spieler auf der Stelle stehen bleiben und das Fahrrad ausbalancieren. Sie dürfen nicht mit den Füßen den Boden berühren.

Limbo

Spielidee:
Eine Zauberschnur oder ein Baustellenband wird zwischen 2 Bäumen, 2 Laternen oder 2 Ständern gespannt. Die Spieler versuchen, unter dem Seil hindurch zu fahren ohne es zu berühren. Wie beim Hochsprung hat jeder Spieler 3 Versuche für eine Höhe. Anschließend wird das Seil niedriger gemacht. Wer wird Limbo-König und schafft die niedrigste Höhe?
Spielerzahl:
ab 2
Material:
Zauberschnur oder Baustellenband, 2 Ständer, Bäume oder Laternen zum Befestigen der Schnur, für jeden Spieler ein Fahrrad
Ort:
Schulhof, Gelände
Zeit:
beliebig

Schaltspiel

Spielidee:
Alle Fahrer fahren in einem vorgegebenen Gang. Das vordere Kettenblatt wird nicht verändert. Der Spielleiter ruft Kommandos wie „2 Gänge hoch" oder „3 Gänge runter".

Spielerzahl:
ab 2
Material:
für jeden Spieler ein Fahrrad
Ort:
Schulhof, Gelände
Zeit:
3 Minuten
Variation:
Der Spielleiter sagt die Schaltposition für beide Zahnkränze an.

Reise nach Jerusalem

Spielidee:
Alle Spieler fahren mit Musik um ein abgestecktes Feld. In der Mitte dieses Feldes befinden sich Markierungshütchen oder Plastikflaschen, 1 bis 2 Hütchen oder Flaschen weniger als Fahrer. Wenn die Musik aus geht oder der Spielleiter klatscht, müssen alle Spieler so schnell wie möglich einen Gegenstand aufnehmen, ohne dabei das Fahrrad zu verlassen. Wer kein Hütchen oder eine Flasche in der Hand hält, bekommt einen Minuspunkt.

Spielerzahl:
ab 3
Material:
Markierungshütchen oder Plastikflaschen, eventuell Musik, für jeden Spieler ein Fahrrad
Ort:
Schulhof, Gelände
Zeit:
5 Minuten
Variation:
Im Feld liegen Bierdeckel oder Gymnastikreifen verteilt, 1 bis 2 weniger als Spieler. Wenn der Spielleiter klatscht oder die Musik ausgeht, müssen alle Spieler so schnell wie möglich mit ihrem Vorderrad auf einem Bierdeckel oder in einem Gymnastikreifen stehen.

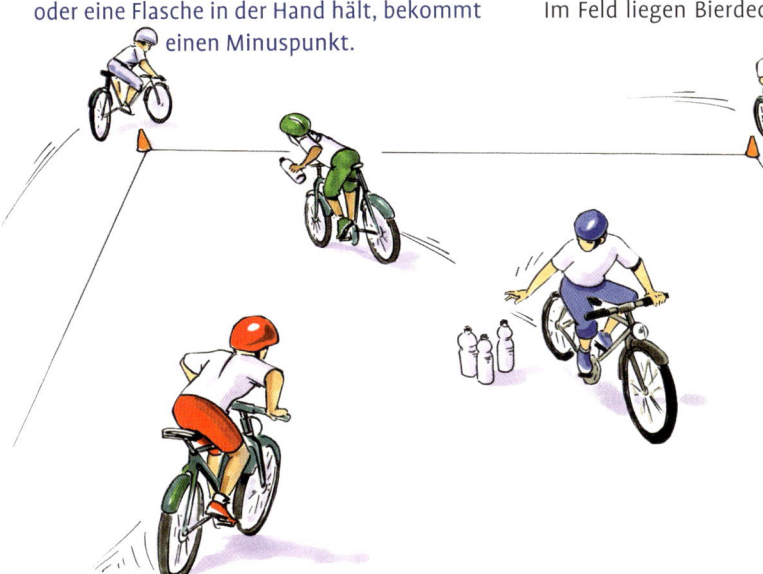

Ausrollen

Spielidee:
Die Spieler fahren durch einen begrenzten Beschleunigungsstreifen. Am Ende dieses Streifens müssen die Fahrer die Füße von den Pedalen nehmen und so weit wie möglich rollen. Wer kommt am weitesten?

Spielerzahl:
ab 2
Material:
für jeden Spieler ein Fahrrad
Ort:
Schulhof, Sportplatz, Gelände
Zeit:
ab 1 Minute
Variation:
- Wer rollt am längsten nach nur einer oder einer halben Pedalumdrehung?
- Wer kommt am weitesten, indem er mit den Füßen in der Luft Schwung holt?

Zielfahren

Spielidee:
Rote, blaue und gelbe Bierdeckel liegen frei im Raum. Rote Bierdeckel dürfen nur mit dem Vorderrad und blaue nur mit dem Hinterrad überfahren werden. Gelbe Bierdeckel müssen mit beiden Rädern überfahren werden. Jeder regelgerecht überfahrene Bierdeckel gibt einen Punkt. Fehler und Bodenberührungen werden als Strafpunkte abgezogen. Wer sammelt die meisten Punkte?

Spielerzahl:
beliebig
Material:
viele rote, gelbe und blaue Bierdeckel, für jeden Spieler ein Fahrrad
Ort:
Schulhof, Gelände
Zeit:
5 Minuten

Windschattenfahren

Spielidee:
4 bis 6 Fahrer fahren in einer Reihe leichmäßig hintereinander her. Der Abstand zum Vordermann sollte zunächst 50 bis 60cm betragen und der seitliche Abstand zum Hinterrad 5 bis 15cm. Der jeweilige Vordermann ist für die Gruppe verantwortlich. Nach kurzer Zeit schert er ungefähr einen Meter nach außen aus, lässt sich zurückfallen und schließt sich hinten wieder an. Der neue Vordermann behält das Tempo bei.

Spielerzahl:
4 - 6
Material:
für jeden Spieler ein Fahrrad
Ort:
Radweg, Sportplatz
Zeit:
ab 5 Minuten
Variationen:
- 2 Reihen fahren eine vorgegebene Strecke von beispielsweise einem Kilometer gegeneinander.
- Aus 2 nebeneinander fahrenden Reihen wird nach dem Reißverschlussprinzip eine gemacht.

Übergabe

Spielidee:
6 bis 8 Spieler fahren hintereinander. Der letzte Fahrer übergibt eine leere Plastikflasche an seinen Vordermann usw. Ist die Flasche beim vordersten Fahrer angekommen, lässt dieser sich ans Ende zurückfallen und übergibt dort an seinen Vordermann. Es wird so lange gefahren, bis jeder seine Ausgangsposition wieder erreicht hat.

Spielerzahl:
6 - 8
Material:
Plastikflasche, für jeden Spieler ein Fahrrad
Ort:
Radweg, Sportplatz
Zeit:
ab 3 Minuten
Variation:
2 Gruppen spielen gegeneinander. Welche Gruppe erreicht zuerst wieder ihre Ausgangsposition?

Gruppenslalom

Spielidee:
Mindestens 3 Spieler fahren im Abstand von ungefähr 3 Metern hintereinander mit langsamen Tempo in der Mitte des Radwegs. Der jeweils Letzte fährt im Slalom um die anderen Fahrer an die Spitze der Gruppe.

Spielerzahl:
ab 3
Material:
für jeden Spieler ein Fahrrad
Ort:
Radweg
Zeit:
5 Minuten

Lanzenstechen

Spielidee:
Im Gelände werden viele aufgeblasene Luftballons an Bäumen befestigt. Jeder Spieler bastelt sich aus einem Stock und Heftzwecken eine Lanze. Ziel ist es, in einer vorgegebenen Zeit möglichst viele Ballons zu zerstechen, ohne dabei mit dem Fuß den Boden zu berühren. Wer den Boden berührt, bekommt einen Luftballon abgezogen.

Spielerzahl:
beliebig
Material:
Stöcke, Heftzwecken, Luftballons, für jeden Spieler ein Fahrrad
Ort:
Gelände mit Bäumen
Zeit:
ab 10 Minuten
Variationen:
- rote Luftballons zählen doppelt
- wer hat zuerst 3, 4 oder 5 Ballons zerstochen?

Rallye

Spielidee:
Jede Mannschaft mit 3 bis 4 Spielern erhält eine Karte, auf der ein Weg eingezeichnet ist. Alle Mannschaften erhalten die gleiche Karte, starten aber im Abstand von 5 Minuten. Auf der Radtour müssen die Teams verschiedene Stationen anfahren und dort unterschiedliche Aufgaben erledigen. Sowohl für das Bewältigen der Aufgaben als auch für die gefahrene Zeit werden Punkte vergeben. Welches Team hat am Ende die meisten Punkte?
Bedingung: Die Gruppen müssen zusammen bleiben und zusammen ankommen.
Aufgaben aus dem Bereich „geschicktes Fahren" können sein: unter einer Schnur durchfahren, über eine Wippe fahren, Zielwerfen im Fahren, Transportieren oder Lanzenstechen.

Spielerzahl:
ab 6 Spieler

Material:
Karten mit der eingezeichneten Radtour, Material für die entsprechenden Stationen, für jeden Spieler ein Fahrrad

Ort:
Gelände

Zeit:
ab 30 Minuten

Armband-Rallye

Spielidee:
Jeder Fahrer einer Mannschaft bekommt ein Perlenarmband. Die Reihenfolge der Perlenfarben stimmt mit der jeweiligen Richtung überein:
Schwarze Perle: rechts abbiegen
Rote Perle: links abbiegen
Blaue Perle: geradeaus fahren
Die Mannschaften starten im Abstand von 5 Minuten. Sie müssen zusammen bleiben und zusammen ankommen. Welche Mannschaft braucht für die Strecke die kürzeste Zeit?

Spielerzahl:
ab 6

Material:
Perlenarmbänder, für jeden Spieler ein Fahrrad

Ort:
Gelände

Zeit:
ab 30 Minuten

Variation:
Auch als Einzelwettbewerb möglich.

Sport Praxis

+ Der Übungsleiter

EINLADUNG ZUM TEST

Seit 50 Jahren das führende deutsche Magazin für Sportlehrer, Übungsleiter und Trainer

Ob Sie:
- **neue Ideen** für Ihre Schul- und Vereinsstunde
- komplette **Stundenbilder** zu allen Sportarten
- erfolgreiche und zeitgemäße **methodische** Konzepte
- aktuelle **Erkenntnisse** aus Sportpädagogik und -didaktik
- Hinweise zu **Tagungen**, **Kongressen** und **Workshops**
- **Rezensionen** zu neuen Fachbüchern und vieles mehr…

im modernen Layout suchen:

Mit der SportPraxis sind Sie immer eine Nasenlänge voraus!

SportPraxis erscheint monatlich mit jeweils 44 Seiten und kostet für 12 Monate € 42,50,-* (ermäßigt für Studenten/Referendare € 36,-*).

… nutzen Sie noch heute unser umseitiges **Kennenlern-Angebot**!

*Preisstand 2008 - Änderungen vorbehalten

www.sportpraxis.com

Sie haben die Wahl!

1. Sie bestellen ein **kostenloses Testheft** und erhalten gratis das Poster „Fitness-Studio Sporthalle" oder
2. Sie entscheiden sich für ein besonders günstiges **Miniabo** über **drei Hefte** für nur **€ 9,80** incl. Porto. Als „Dankeschön" erhalten Sie das Sonderheft „Fitness in Schule und Verein" inkl. dem Poster „Fitness-Studio Sporthalle". Sie dürfen es in jedem Fall behalten. Garantiert!

… und falls Sie sich später für ein Voll-Abo entschließen, erwartet Sie sogar noch ein attraktives Begrüßungsgeschenk!

Unser Dankeschön für ein Miniabo

Limpert Verlag GmbH · E-Mail: sportpraxis@limpert.de · www.sportpraxis.com

☐ **Ja**, ich möchte die Sport Praxis kennenlernen und bitte um ein **kostenloses, aktuelles Testheft**. Zusätzlich erhalte ich gratis das Poster „Fitness-Studio Sporthalle".

☐ Ich möchte die Sport Praxis noch intensiver kennenlernen und bestelle ein **Miniabo über drei aktuelle Hefte für nur € 9,80 inkl. Versandkosten**. Als „Dankeschön" erhalte ich kostenlos das Sonderheft „Fitness in Schule und Verein" inkl. dem Poster „Fitness-Studio Sporthalle", das ich in jedem Fall behalten kann.

Nur wenn Sie bis spätestens 14 Tage nach Erhalt des Testheftes bzw. des letzten Heftes meines Mniabos keine anders lautende Nachricht von mir erhalten haben, wünsche ich die **SportPraxis** weiterhin im Abonnement zum Preis von € 42,50* (ermäßigt € 36,-* Bescheinigung beilegen) für 12 Monate zzgl. Porto zu beziehen und erhalte dann noch ein **attraktives Begrüßungsgeschenk**.

Absender

Name

Straße

PLZ/Ort

Datum   Unterschrift

Garantie: Ich habe das Recht, diese Bestellung innerhalb von 8 Tagen (Poststempel) schriftlich beim Verlag zu widerrufen. Zeitschriften-Abonnements können jederzeit zum Ende der Abonnementslaufzeit, spätestens jedoch 2 Monate vorher (Datum des Poststempels), gekündigt werden. Die Kenntnisnahme bestätige ich mit meiner

zweiten Unterschrift   *Preisstand 2008

Bitte als Postkarte frankieren, falls Marke zur Hand

ANTWORT

Limpert Verlag GmbH
z. Hd. Herrn Carsten Ebert
Industriepark 3
D-56291 Wiebelsheim

Foto-Rallye

Spielidee:
2 oder mehrere Mannschaften spielen gegeneinander. Vor Spielbeginn werden verschiedene Orte in der Umgebung fotografiert. Jede Mannschaft bekommt zunächst am Start ein Foto von dem Ort, den sie zuerst anfahren muss. An jedem weiteren Ort liegt das Bild der nächsten Station in einem Umschlag. Welche Mannschaft ist zuerst am Zielpunkt?
Wichtig: Die Mannschaften müssen zusammen bleiben!

Spielerzahl:
ab 6
Material:
Fotos von verschiedenen Orten in doppelter Ausfertigung, Umschläge, für jeden Spieler ein Fahrrad
Ort:
Gelände oder Stadt
Zeit:
ab 30 Minuten

Räuber und Gendarm

Spielidee:
2 Mannschaften spielen gegeneinander. Die Räuber starten mit zehnminütigem Vorsprung vor den Gendarmen und markieren mit Pfeilen (z.B. Straßenkreide) eindeutig ihren gewählten Weg. Ziel der Gendarmen ist es, die Räuber innerhalb der vorgegebenen Zeit einzuholen. Es gelten folgende Bedingungen:
Die Pfeile müssen gut sichtbar sein.
Es dürfen keine Pfeile in die Irre führen.
Die Gruppen müssen zusammen bleiben und zusammen ankommen.
Es gibt eine genaue Zeitvorgabe, wann das Spiel beendet ist.
Anschließend wechseln die Rollen. Welche Gendarmen fangen die Räuber schneller?

Spielerzahl:
ab 4
Material:
Straßenkreide, für jeden Spieler ein Fahrrad
Ort:
Feldwege, wenig befahrene Straßen, geeignetes Gelände
Zeit:
30 - 60min

Orientierungsfahrt

Spielidee:
Es spielen mehrere Mannschaften mit 2 bis 4 Spielern gegeneinander. Diese müssen 6 bis 10 im Gelände verteilte Posten in beliebiger Reihenfolge ansteuern. An jedem Posten finden sie einen Buchstaben, der z.B. in einen Baum eingeritzt sein kann oder mit Kreide markiert ist. Alle gesammelten Buchstaben ergeben bei richtiger Zusammensetzung ein Lösungswort. Die Mannschaft, die zuerst dem Spielleiter das Lösungswort sagt, ist Sieger.

Spielerzahl:
ab 6

Material:
6 - 10 Posten mit jeweils einem markierten Buchstaben, für jeden Spieler ein Fahrrad

Ort:
Gelände

Zeit:
ab 20 Minuten

Variation:
Im Gelände werden verschiedene Symbole in mehrfacher Ausfertigung verteilt. Die Mannschaften bekommen vom Spielleiter zu Beginn jeweils ein unterschiedliches Blatt ausgehändigt, auf dem sich 5 verschiedene Symbole befinden. Diese gilt es so schnell wie möglich zu finden und zum Spielleiter zu bringen. Welche Mannschaft ist zuerst fertig?

Schatzsuche

Spielidee:
Jede Mannschaft muss in einem Abstand von z.B. 5 Minuten eine bestimmte Station anfahren und bekommt dort neue Informationen in Form von Rätseln, Hinweisen oder Karten, wohin sie weiter fahren muss. Wertungsmöglichkeit: Die Gesamtzeit, die jede Mannschaft bis zum Schatz braucht, wird gestoppt und für jedes falsch gelöste Rätsel gibt es Strafsekunden.

Spielerzahl:
ab 6

Material:
eine Karte für jede Mannschaft, für jede Station Rätsel, Hinweise oder Zusatzkarten, für jeden Spieler ein Fahrrad

Ort:
Gelände

Zeit:
ab 30 Minuten

Anstieg

Spielidee:
Es wird ein steiler Anstieg im Gelände gefahren.
Wer kommt im Sitzen am weitesten?
Wer kommt im Stehen am weitesten?

Spielerzahl:
ab 2

Material:
für jeden Spieler ein Fahrrad

Ort:
Gelände

Zeit:
5 - 10 Minuten

Rennen (für 2 oder mehrere Fahrer)

Bei allen Fahrradrennen, bei denen die Fahrer gleichzeitig starten, ist darauf zu achten, dass genug Platz zum Nebenmann gegeben ist, und dass jeder Fahrer in seiner Spur bleibt und nicht anderen Fahrern den Weg abschneidet. Wer zuerst im Ziel ist, gewinnt. Starten die Fahrer oder Mannschaften nacheinander, sind Startnummern sehr sinnvoll. Alle werden einzeln gestoppt und der Fahrer oder die Mannschaft mit der schnellsten Zeit gewinnt.

Fahren und Absteigen

Spielidee:
Auf dem Weg vom Start ins Ziel befinden sich 3 oder mehrere Markierungen. Hier müssen die Fahrer jeweils bremsen, vom Rad absteigen und wieder neu anfahren. Wer ist zuerst im Ziel?

Spielerzahl:
ab 3
Material:
Kreidemarkierungen, für jeden Spieler ein Fahrrad
Ort:
Schulhof
Zeit:
ab 3 Minuten
Variationen:
- nur mit beiden Füßen den Boden berühren
- mit beiden Händen den Boden berühren
- einmal um das Fahrrad herum laufen

Verfolgungsrennen (1)

Spielidee:
Es gibt sowohl eine Einzel- als auch eine Mannschaftsverfolgung.
2 Fahrer oder 2 Teams starten einander genau gegenüber in der Mitte der beiden Geraden. Ziel ist es, nach einer festgelegten Rundenzahl als erster über die eigene Startlinie zu fahren. Bei der Mannschaftsverfolgung wird der letzte Fahrer einer Mannschaft gewertet, der ins Ziel kommt.

Spielerzahl:
ab 2
Material:
für jeden Spieler ein Fahrrad
Ort:
Sportplatz
Zeit:
abhängig von der festgelegten Rundenzahl

Verfolgungsrennen (2)

Spielidee:
Ein Spieler steckt sich ein Seil in die Hose, das beim Fahren auf dem Boden schleift. Er darf einen Gang nach Wahl benutzen und nicht schalten. Auf ein Signal flüchtet er vor seinem Partner, der mit Hilfe aller Gänge versucht, vor der Ziellinie mit seinem Vorderrad über das Seil zu fahren oder es seinem flüchtenden Partner aus der Hose zu ziehen. Gelingt ihm das, bekommt er einen Punkt. Erreicht der Flüchtende das Ziel, bekommt er einen Punkt. Anschließend werden die Aufgaben gewechselt. Wer erreicht zuerst 3, 4 oder 5 Punkte?

Spielerzahl:
ab 4

Material:
für die Hälfte der Fahrer 2 zusammengeknotete Seilchen, für jeden Spieler ein Fahrrad

Ort:
Schulhof oder Sportplatz

Zeit:
ab 5 Minuten

Variationen:
Es darf nur im Stehen oder nur im Sitzen gefahren werden, der Gang wird vorgegeben.

Schneckenrennen

Spielidee:
Wer fährt eine vorgegebene Strecke am langsamsten? Für jede Bodenberührung gibt es 2 Strafsekunden.

Spielerzahl:
ab 2

Material:
Kreide zur Streckenmarkierung, für jeden Spieler ein Fahrrad

Ort:
Schulhof

Zeit:
ab 3 Minuten

Variationen:
Nur im Stehen, nur im Sitzen, freihändig fahren.

Kreisrennen

Spielidee:
In einem Kreis von 4 bis 8 m Durchmesser sollen die Fahrer so viele Runden wie möglich fahren, ohne dass sie die Kreisbegrenzung überfahren oder den Boden berühren. Wer schafft die meisten Runden?

Spielerzahl:
ab 2

Material:
Kreide zur Streckenmarkierung, für jeden Spieler ein Fahrrad

Ort:
Schulhof

Zeit:
abhängig vom Geschick der Fahrer

Variation:
Welche Mannschaft (2er- oder 3er-Teams) schafft die meisten Runden in 2 Minuten? Bei Bodenberührung oder Befahren der Kreislinie wird gewechselt.

Geländerennen

Spielidee:
Im Gelände soll so schnell wie möglich eine Strecke gefahren werden mit Steigungen, Abfahrten, Kurven, Steinen, Wurzeln, Ästen, einer Pfütze oder einem Schlammloch. Wer schafft die schnellste Zeit?

Spielerzahl:
ab 2

Material:
für jeden Spieler ein Fahrrad

Ort:
Gelände

Zeit:
ab 10 Minuten

Australische Verfolgung

Spielidee:
8 bis 12 Fahrer verteilen sich in gleichen Abständen zueinander auf der Bahn. Auf ein Startkommando starten alle Fahrer gleichzeitig. Wer von seinem Hintermann eingeholt wird scheidet aus.

Spielerzahl:
ab 8

Material:
für jeden Spieler ein Fahrrad

Ort:
Sportplatz

Zeit:
ab 5 Minuten

Ausscheidungsrennen

Spielidee:
Alle Fahrer starten gemeinsam. Nach jeder gefahrenen Runde scheidet der letzte Fahrer aus.

Spielerzahl:
ab 6

Material:
für jeden Spieler ein Fahrrad

Ort:
Sportplatz

Zeit:
abhängig von der Spielerzahl

Variationen:
Es werden Fünferteams gebildet. Jedes Fünferteam fährt ein Ausscheidungsrennen. Anschließend bilden die Letzten, Vorletzten, Drittletzten usw. dieser Rennen wieder neue Teams und fahren in dieser neuen Zusammensetzung Ausscheidungsrennen gegeneinander.
Oder: Wer als letzter die Ziellinie überquert, bekommt einen Strafpunkt. Erst bei 3 bis 5 Strafpunkten scheidet man aus.

Sprintrennen

Spielidee:
Nach dem Startkommando müssen alle Fahrer so schnell wie möglich eine bestimmte Strecke zurücklegen. Wer ist zuerst im Ziel?
Wichtig: Die Breite der Strecke muss der Teilnehmerzahl angepasst sein, damit es keine Stürze gibt!

Spielerzahl:
ab 3

Material:
für jeden Spieler ein Fahrrad

Ort:
Gelände, Schulhof, Sportplatz, Parkplatz

Zeit:
abhängig von der Streckenlänge

Variationen:
- Mit fliegendem Start,
- nur im kleinsten oder größten Gang fahren,
- einen Le-Mans-Start, bei dem alle Fahrer nach dem Startsignal zuerst zu ihrem auf dem Boden liegenden Rad rennen müssen,
- im Stehen oder Sitzen fahren, laufen oder rollern.

Mannschaftszeitfahren

Spielidee:
Vierer- oder Fünfermannschaften müssen eine bestimmte Strecke (1000 m, 2000 m, ...5000 m) zurücklegen. Erst nachdem der letzte Fahrer der Mannschaft die Ziellinie überquert, wird die Zeit gestoppt.

Spielerzahl:
ab 8

Material:
für jeden Spieler ein Fahrrad

Ort:
Sportplatz

Zeit:
abhängig von der Streckenlänge

2er-Mannschaftsfahren

Spielidee:
Gefahren wird eine vorher festgelegte Zeit, z.B. 20 Minuten. Ziel ist es, in dieser Zeit möglichst viele Runden zu absolvieren. Jeweils nur ein Fahrer befindet sich im Rennen, der Partner ist bis zur Ablösung „neutralisiert" und fährt langsam außen weiter. Die Ablösung erfolgt mit einem Schleudergriff wie beim Sechstagerennen oder durch Anschieben am Rücken.

Spielerzahl:
ab 4

Material:
für jeden Spieler ein Fahrrad

Ort:
Sportplatz

Zeit:
ab 15 Minuten

Mannschaftsfahren

Spielidee:
Jede Mannschaft soll in einer vorgegebenen Zeit von 25 bis 30 Minuten möglichst viele Runden fahren. Aus jeder Mannschaft fahren immer 2 oder 3 Spieler gleichzeitig. Die übrigen Fahrer haben Pause. Wann gewechselt wird, entscheiden die Fahrer selbstständig durch Abschlagen des neu startenden Partners. In der Fahrpause schreibt jeder Fahrer seine Runden auf dem Mannschaftsbogen auf.

Spielerzahl:
3 - 5 pro Mannschaft
Material:
Stoppuhr, Mannschaftsbogen, Stifte, für jeden Spieler ein Fahrrad
Ort:
Sportplatz
Zeit:
25 - 30 Minuten

Sechs-Tage-Rennen

Spielidee:
2 deutlich gekennzeichnete Mannschaften fahren gegeneinander mit dem Ziel, die gegnerische Mannschaft einzuholen oder bei Ende der Spielzeit in Führung zu sein. Wie bei einer 4x100 m-Staffel werden 4 Positionen, die Startlinie, die 100 m-, 200 m- und 300 m-Marke gleichmäßig von beiden Mannschaften besetzt. An der jeweiligen Startlinie müssen sich mindestens 2 Fahrer befinden. Der Startfahrer von Mannschaft A startet bei der Startlinie, der Startfahrer von Mannschaft B gegenüber an der 200 m-Marke. Bei der nächsten Marke wird ein Fahrer der eigenen Mannschaft abgeschlagen, der bis zur nächsten Marke fährt. Es ist sinnvoll, dass sich nur diejenigen Fahrer auf der Bahn befinden, die als nächstes ins Rennen geschickt werden. Alle übrigen Fahrer warten im Innenraum.

Spielerzahl:
ab 10 Spieler
Material:
für jeden Spieler ein Fahrrad
Ort:
Sportplatz
Zeit:
5 - 15 Minuten

Punktefahren

Spielidee:
Es wird ein Rennen gefahren über eine längere Strecke (z.B. 5000 m oder 8000 m) mit Zwischensprints nach vorgegebenen Intervallen, z.B. immer nach 800 Metern. Die ersten 4 Fahrer bekommen jeweils 5, 3, 2 und einen Punkt. Bei Halbzeit und am Schluss zählen die Punkte doppelt. Wer hat am Ende die meisten Punkte?

Spielerzahl:
ab 6
Material:
für jeden Spieler ein Fahrrad
Ort:
Sportplatz
Zeit:
abhängig von der Streckenlänge

Zeitfahren

Spielidee:
Alle Fahrer fahren eine festgelegte Strecke von 400 m, 500 m, 800 m oder 1000 m einzeln nacheinander auf Zeit. Die Fahrer starten im Abstand von einer Minute, der Zeitnehmer notiert die jeweilige Endzeit und zieht die Startminuten davon ab.

Spielerzahl:
ab 4
Material:
für jeden Spieler ein Fahrrad
Ort:
Sportplatz
Zeit:
abhängig von der Spielerzahl und Streckenlänge

Sprint

Spielidee:
2 bis 4 Fahrer starten gleichzeitig ein 200 m-Rennen. Wer überfährt zuerst die Ziellinie? Oft entscheidet die Taktik. Tempowechsel und Finten sind typisch. Für jeden Sieg gibt es einen Punkt.

Spielerzahl:
ab 2
Material:
für jeden Spieler ein Fahrrad
Ort:
Sportplatz
Zeit:
abhängig von der Spielerzahl

Rad-Mehrkampf

Spielidee:
Es wird ein Mehrkampf ausgetragen. Die Wertungen z.B. aus Punktefahren, Zeitfahren, Sprint und Australischer Verfolgung werden zusammen gerechnet. Auch Geländerennen können gewertet werden. Der Fahrer mit der niedrigsten Platzziffer gewinnt.

Spiele mit dem Ball

Fahrrad-Fußball

Spielidee:
2 Mannschaften spielen gegeneinander Fußball. Der Ball wird mit dem Fuß geführt, gepasst oder geschossen. Dabei darf der andere Fuß nicht den Boden berühren. In diesem Fall gibt es einen Freistoß für die gegnerische Mannschaft. Gespielt wird auf Linientore, 4 Hütchentore oder 3 offene Hütchentore.

Spielerzahl:
ab 6

Material:
Fußball oder Pezziball, Hütchen zur Markierung der Tore, für jeden Spieler ein Fahrrad

Ort:
Schulhof

Zeit:
mindestens 15 Minuten

Variation:
- Fahrrad-Hockey mit Eishockeyschlägern
- Radball: Der Ball darf nur mit dem Vorderrad gespielt werden.

Parteiball

Spielidee:
2 Vierermannschaften spielen gegeneinander mit dem Ziel, sich innerhalb der Mannschaft einen Tennisball so oft wie möglich zuzupassen, ohne dass der Ball auf den Boden fällt oder der Gegner an den Ball kommt. Fällt der Ball auf den Boden oder landet er im Aus, wechselt der Ballbesitz zum Gegner. Fängt die gegnerische Mannschaft den Ball ab, versucht sie ihrerseits, möglichst viele Pässe zu spielen. Jeder erfolgreiche Pass wird laut mitgezählt. Bei 3 erfolgreich gespielten Pässen erhält die Mannschaft einen Punkt und der Ballbesitz wechselt.

Spielerzahl:
8

Material:
Tennisball, für jeden Spieler ein Fahrrad

Ort:
Schulhof

Zeit:
mindestens 10 Minuten

Bälle rauben

Spielidee:
4 bis 8 Mannschaften spielen gegeneinander. Jeder Spieler legt vor Beginn des Spiels einen Ball in das Depot, einen umgedrehten kleinen Kasten, seiner Mannschaft. Zusätzlich erhält jede Mannschaft einen Medizin- oder Basketball, der ebenfalls in das Depot gelegt wird. Ertönt der Startpfiff, schwärmen alle Fahrer zu den gegnerischen Depots aus, holen einen Ball und bringen ihn in das eigene Depot. Diejenige Mannschaft, die nach Ablauf der Spielzeit von 5 Minuten die meisten Punkte hat, gewinnt. Jeder Ball zählt am Ende einen Punkt, der Medizin- oder Basketball 3 Punkte.
Wichtig: Bälle dürfen nicht verteidigt werden und es darf pro Fahrt nur ein Ball geholt werden. Alle Depots sollten den gleichen Abstand zueinander haben.

Spielerzahl:
ab 8
Material:
einen kleinen Kasten und einen Medizin- oder Basketball für jede Mannschaft, einen Ball für jeden Spieler, für jeden Spieler ein Fahrrad
Ort:
Schulhof
Zeit:
5 Minuten

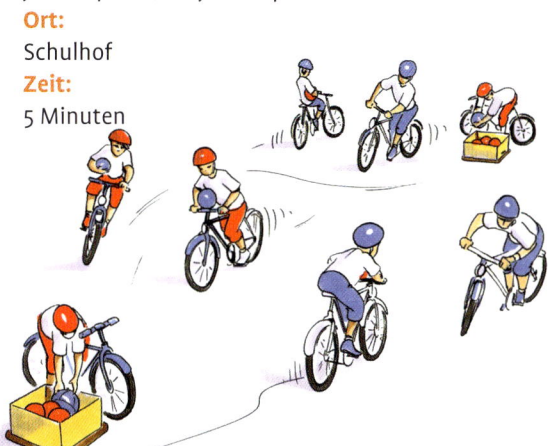

Farbenspiel

Spielidee:
Alle Spieler fahren im Feld umher. Ein Drittel der Fahrer trägt ein rotes Hemd, ein Drittel ein gelbes und ein Drittel ein grünes Hemd. Ein Ball muss immer von rot zu grün zu gelb und wieder zu rot gepasst werden. Sobald dieses gut funktioniert, wird ein weiterer Ball ins Spiel gebracht.

Spielerzahl:
ab 9
Material:
Markierungshemdchen in 3 verschiedenen Farben, 1 - 4 Bälle, für jeden Spieler ein Fahrrad
Ort:
Schulhof
Zeit:
ab 5 Minuten

Nummernspiel

Spielidee:
Es werden Dreier- oder Vierermannschaften gebildet, nummeriert und gekennzeichnet. Alle Fahrer fahren frei im Feld umher. Die jeweilige Nummer 1 hat einen Ball, passt ihn zur 2, die 2 zur 3, die 3 zur 4 und diese wieder zur 1. Gespielt wird mit einem Ball. Als Erschwernis kann für jede Mannschaft ein weiterer Ball hinzugenommen werden.

Spielerzahl:
ab 6
Material:
Markierungshemdchen und für jede Mannschaft 1 Ball, für jeden Spieler ein Fahrrad
Ort:
Schulhof
Zeit:
ab 5 Minuten
Variation:
rückwärts passen

Puzzleteile rauben

Spielidee:
4, 5 oder 6 Mannschaften spielen gegeneinander. Sind es 4 Mannschaften, stellen diese sich im Quadrat auf, sind es 5 oder 6 Mannschaften, stellen sie sich im Kreis auf. In der Mitte liegen Puzzleteile aufgedeckt durcheinander für so viele Puzzles, wie es Mannschaften gibt. Die Startfahrer jeder Mannschaft fahren zur Mitte, holen ein Teil und fahren zu ihrer Mannschaft zurück und schicken den nächsten Fahrer los. Fahrer, die gerade nicht unterwegs sind, setzen das Puzzle zusammen. Liegen keine Teile mehr in der Mitte, müssen die Fahrer zu einer anderen Mannschaft fahren und dort ein passendes Teil holen. Die Mannschaften dürfen kein Puzzleteil verteidigen und fremde Spieler dürfen kein bereits „verbautes" Puzzleteil wegnehmen. Welche Mannschaft ist als erste mit ihrem Puzzle fertig?

Spielerzahl:
ab 16
Material:
für jede Mannschaft ein Puzzle mit 10 - 50 Teilen, für jede Mannschaft oder jeden Spieler ein Fahrrad
Ort:
Schulhof
Zeit:
ab 10 Minuten

Nester leeren

Spielidee:
2 oder mehr Mannschaften spielen gegeneinander mit dem Ziel, ihr Nest, in dem sich 20 verschiedene Gegenstände befinden, zu leeren. Jeder Spieler nimmt einen Gegenstand aus dem eigenen Nest, transportiert ihn in ein gegnerisches Nest und holt anschließend wieder einen neuen Gegenstand. Welche Mannschaft hat nach 5 oder 10 Minuten die wenigsten Gegenstände im eigenen Nest?
Wichtig: Alle Nester sollten den gleichen Abstand zueinander haben.

Spielerzahl:
ab 6
Material:
20 verschieden große und schwere Gegenstände, Kreide, um die Nester zu markieren, für jeden Spieler ein Fahrrad
Ort:
Schulhof
Zeit:
ab 5 Minuten

Staffeln

Kleiderstaffel
Pendelstaffel

Spielidee:
Von jeder Mannschaft starten zwei Spieler gleichzeitig. Auf der Strecke muss Partner A eine Jacke ausziehen und seinem Partner übergeben. Dieser zieht sie wieder an. An der Wendemarkierung übergibt B die Jacke dem nächsten Paar.
Bei einer ungeraden Spielerzahl innerhalb der Mannschaften fährt jeder Fahrer zweimal.

Spielerzahl:
ab 12
Material:
für jede Mannschaft eine Jacke, für jeden Spieler ein Fahrrad
Ort:
Parkplatz, Schulhof, Sportplatz
Zeit:
ab 5 Minuten

Radwechselstaffel
Umkehrstaffel

Spielidee:
Jeweils 2 Spieler einer Mannschaft fahren zusammen los und tauschen an der Wendemarkierung die Fahrräder.
Bei einer ungeraden Spieleranzahl in den Mannschaften fahren alle Spieler zweimal.

Spielerzahl:
ab 8
Material:
für jeden Spieler ein Fahrrad oder 2 Fahrräder für jede Mannschaft
Ort:
Schulhof, Parkplatz, Gelände
Zeit:
ab 5 Minuten

Personentransportstaffel
Umkehrstaffel

Spielidee:
Mindestens 2 Spieler starten gemeinsam:
- 2 Spieler fahren auf einem Fahrrad los. Einer fährt, der andere sitzt auf dem Gepäckträger. An der Wendemarke werden die Rollen getauscht.
- 2 Spieler fahren zusammen:
  ein Spieler sitzt auf dem Sattel, der Partner fährt im Stehen oder
  ein Spieler fährt, der Partner sitzt auf der Stange, dem Lenker oder dem Gepäckträger.
- 3 Fahrer müssen sich auf dem Fahrrad befinden.
- Der transportierte Spieler sitzt auf dem Sattel und darf nicht treten, der Transporteur muss ihn auf die andere Seite schieben.
- Beide Spieler haben ein Fahrrad:
  1 Spieler fährt, der andere lässt sich ziehen, indem er sich an der Schulter festhält.
  1 Spieler fährt und schiebt seinen Partner am Rücken, der passiv auf dem Sattel sitzt.
  1 Spieler fährt, 2 Spieler hängen sich an ihn und lassen sich ziehen.

Spielerzahl:
ab 8
Material:
für jeden Spieler ein Fahrrad
Ort:
Parkplatz, Schulhof
Zeit:
ab 5 Minuten

Fahrradtransportstaffel
Umkehrstaffel

Spielidee:
Die Spieler müssen auf dem Hinweg so schnell wie möglich Fahrrad fahren, an der Wendemarke absteigen und von dort das Fahrrad zurück schieben oder tragen.

Spielerzahl:
ab 4
Material:
für jede Mannschaft ein Fahrrad
Ort:
Schulhof, Parkplatz, Gelände
Zeit:
ab 5 Minuten
Variation:
Auf einem Fahrrad fahren und ein „leeres" zweites Fahrrad neben sich herschieben.

Rollbrett

Das Rollbrett fordert zum Ausprobieren und Experimentieren heraus. Es besteht aus mehrfach verleimten Sperrholzplatten mit abgerundeten Ecken und Kanten. Durch die vier kugelgelagerten Rollen ist ein Bewegen in alle Richtungen möglich, also auch Drehungen am Ort. Rollbretter sind im Fachhandel teuer, lassen sich aber im Rahmen von Projektwochen oder im Technikunterricht mit geringen handwerklichen Kenntnissen selbst herstellen. Man sollte allerdings darauf achten, dass die Rollen gut laufen, sonst macht das Fahren keinen Spaß. Will man das Rollbrett in der Sporthalle verwenden, sollte vorher geprüft werden, ob der Hallenboden hart und flächenelastisch und damit geeignet für das Rollbrett Fahren ist. Bei einem weichen und punktelastischen Boden drücken sich die Rollen ein und der Rollwiderstand wird zu hoch. Als „Outdoor-Sportgerät" ist das Rollbrett wegen seiner kleinen Rollen nicht geeignet.

Aus Sicherheitsgründen haben sich die folgenden „Rollbrett-Regeln" nicht nur für jüngere Fahrer im Grundschulalter als sinnvoll erwiesen:

Rollbrett-Regeln

- das Rollbrett wird mit den Rollen nach oben geparkt, damit es nicht „herrenlos" durch die Gegend fahren kann
- lange Haare müssen zusammengebunden werden, damit sie nicht in die Rollen geraten
- lange T-Shirts müssen aus dem gleichen Grund in die Hose gesteckt werden
- absichtliche Zusammenstöße in Autoscooter-Manier sind nicht erlaubt
- die Hände müssen zum Anschieben so aufgesetzt werden, dass sie nicht unter die Räder kommen
- es ist verboten, das fahrerlose Rollbrett mit Händen oder Füßen wegzuschleudern
- Gebremst wird mit den Händen seitlich neben dem Rollbrett am Boden oder mit den Füßen

Spielformen alleine

1. Im Straßenverkehr: das Rollbrett über verschiedene Hallenlinien schieben oder fahren. An Kreuzungen gilt „rechts vor links". Variation: Begegnen sich 2 Fahrer, muss derjenige mit dem kürzeren Weg zur nächsten Kreuzung zurück fahren.
2. Transporter: Gegenstände auf dem Rollbrett schieben, wie z.B. Medizinbälle, kleine Kästen, Keulen oder Bälle.
3. Querfeldein: das Rollbrett durch unterschiedliches „Gelände" schieben oder fahren: über Matten, Teppichfliesen oder Seilchen, um Bänke, Keulen oder Kästen, durch Tunnel.
4. Die schnellste, spannendste oder bequemste Fahrposition auf dem Rollbrett herausfinden: sitzen, knien, in Bauchlage oder Rückenlage, vorwärts oder rückwärts, hocken, im Schneidersitz, in der Bankstellung mit einem Knie auf dem Rollbrett.
5. Antriebsarten erfinden: mit beiden Händen oder Füßen gleichzeitig, Hände oder Füße abwechselnd rechts und links, mit einem Bein knien und mit dem anderen Fuß rollern, anschieben und sich anschließend in Bauchlage auf das Rollbrett werfen, von der Wand abstoßen, sich an einem gespannten Seil (Sprossenwand) entlang ziehen, mit einem Stab „paddeln", sich durch eine Bankgasse ziehen.
6. Richtungswechsel auf Kommandos: vorwärts, rückwärts, seitwärts, am Ort kreiseln.
7. Blindfahrt an einem Seil entlang
8. Kunststücke: auf dem Rollbrett fahren und dabei einen Ball dribbeln, führen oder rollen
   - 3 Bälle gleichzeitig rollen, 2 Bälle gleichzeitig dribbeln
   - einen Luftballon in der Luft halten
   - mit einem Tennis-, Tischtennis- oder Badmintonschläger Bälle hochspielen
   - mit einem Tennis- oder Tischtennisschläger einen Ball prellen
   - Eierlaufen mit einem Löffel oder einen Ball auf einem Schläger balancieren
   - einen Slalomparcours vorwärts oder rückwärts durchfahren
   - einen Tischtennisball in Bauchlage vor sich her pusten oder als zusätzliche Erschwernis mit einem Strohhalm pusten, durch einen Parcours in ein Ziel pusten, z.B. eine Bodenhülse
9. Pirouette: In Bauchlage das Rollbrett durch Drehen mit den Händen in Rotation versetzen

Spielformen zu zweit

Jeder Spieler hat ein Rollbrett

1. Schatten fahren: Partner A fährt mit vielen Variationen vor, Partner B macht alles nach, anschließend Rollentausch
2. Synchronfahrt: nebeneinander
3. Anhänger: an den Partner hinten anhängen, entweder aktiv als Motor oder passiv als Anhänger in Bauchlage
4. Als Gespann nebeneinander fahren, mit den inneren Händen festhalten

Paarweise nur ein Rollbrett

1. Rücken an Rücken fahren: auf Linien, über Hindernisse, um Hindernisse
2. Partner A sitzt, liegt oder kniet auf dem Rollbrett, Partner B schiebt ihn
3. Partner A befindet sich auf dem Rollbrett, Partner B zieht ihn mit einem Stab, einem Seil oder an den Händen
4. Karussell: Partner A befindet sich auf dem Rollbrett, Partner B schleudert ihn an einem Seil im Kreis
5. Roller: Partner A sitzt auf dem Rollbrett, Partner B stellt einen Fuß auf das Rollbrett, hält sich an den Schultern von A fest und fährt Roller
6. Nachtflug: Partner A bekommt auf dem Rollbrett die Augen verbunden, Partner B zieht oder schiebt ihn
   Variation: Partner A bekommt die Augen verbunden und muss selbstständig „blind" fahren, Partner B läuft neben ihm her und dirigiert nur durch Zurufe
7. Fahrtechniken zu zweit erfinden

Spielformen und Spiele

Bei fast allen Spielen kann folgendes variiert werden:
- die Fahrposition: sitzen, knien, Bauchlage, Rückenlage, Hocksitz, Schneidersitz, Bankstellung mit einem Knie auf dem Rollbrett
- die Antriebsart: mit beiden Händen oder Füßen gleichzeitig oder rechts und links abwechselnd, rollern mit einem Fuß, anschieben und auf das Rollbrett werfen, mit einem Stab „paddeln", sich an einem Seil entlang ziehen, durch eine Bankgasse ziehen
- die Fahrtrichtung: vorwärts oder rückwärts
- Zusatzaufgaben: 1 oder 2 Bälle dribbeln, rollen, führen mit der Hand oder dem Fuß, mit einem Schläger einen Ball in der Luft halten, balancieren oder prellen, mit einem Hockeyschläger einen Ball führen, einen Luftballon in der Luft halten, einen Tischtennisball pusten
- Hindernisse: durch einen Slalomparcours, über Teppichfliesen oder Seilchen, um Bänke, Keulen oder Kästen, durch Tunnel fahren
- Paarweise: mit einem Partner, der schiebt oder zieht, mit einem Partner Rücken an Rücken
- Taxi: in einem umgedrehten kleinen Kasten auf dem Rollbrett, den der Partner schiebt

Bärentanz

Spielidee:
Alle Spieler stellen sich so zum Spielleiter, dass sie ihn sehen können und gleichzeitig genug Abstand zu ihrem Nebenspieler haben. Der Spielleiter gibt durch Rufen oder Handzeichen die Fahrform vor: vorwärts, rückwärts, nach links oder rechts oder kreiseln am Ort. Die Spieler sollen so schnell wie möglich reagieren.

Spielerzahl:
ab 6
Material:
für jeden Spieler ein Rollbrett
Ort:
Sporthalle
Zeit:
ab 3 Minuten

Ochs am Berge 1, 2, 3

Spielidee:
Ein Spieler steht auf der gegenüberliegenden Seite mit dem Rücken zur Gruppe. Alle anderen Spieler bewegen sich solange auf diesen Spieler zu, bis er „Ochs am Berge 1, 2, 3" ruft und sich blitzschnell umdreht. Wer sich dann noch bewegt, wird wieder zurück zur Startlinie geschickt.
Wichtig: Es sollte nicht diskutiert werden, ob man sich bewegt hat oder nicht. Der sich umdrehende Spieler entscheidet!

Spielerzahl:
ab 6
Material:
für jeden Spieler ein Rollbrett
Ort:
Sporthalle
Zeit:
ab 5 Minuten

Fernsteuerung

Spielidee:
Alle Spieler gehen paarweise zusammen. Nur ein Partner fährt Rollbrett. Der andere Spieler ist der Mechaniker. Seine Aufgabe ist es, den Rollbrettfahrer zu lenken: Berührt er die rechte Schulter des Fahrers, muss dieser eine 90° Kurve nach rechts fahren. Berührt er die linke Schulter, fährt er eine 90° Kurve nach links. Macht er nichts, fährt der Rollbrettfahrer immer geradeaus. Der Mechaniker muss Zusammenstöße sowohl mit anderen Fahrern verhindern als auch mit den Wänden.

Spielerzahl:
ab 6

Material:
für jeden zweiten Spieler ein Rollbrett

Ort:
Sporthalle

Zeit:
ab 5 Minuten

Variation:
Es werden Dreiergruppen gebildet. 2 Spieler fahren Rollbrett, der dritte ist der Mechaniker. Beide Fahrer starten mit dem Rücken zueinander in genau unterschiedliche Richtungen. Aufgabe des Mechanikers ist es, einerseits beide Fahrer so zu lenken, dass es keine Zusammenstöße gibt, andererseits aber auch so zu steuern, dass sie nach einiger Zeit frontal voreinander stehen.

Großfahrzeuge

Spielidee:
Es werden 4er- bis 6er-Gruppen gebildet. Diese haben die Aufgabe, verschiedene Großfahrzeuge aus allen vorhandenen Materialien zu bauen und als Gruppe darauf zu fahren, beispielsweise Züge, Doppeldeckerbusse oder Schiffe. Als Material eignen sich Matten, Bänke, Kästen, Kastenoberteile, Niedersprungmatten oder Weichböden.

Spielerzahl:
ab 4

Material:
Matten, Bänke, Kästen, Weichböden, Kastenoberteile, Rollbretter

Ort:
Sporthalle

Zeit:
ab 15 Minuten

Karussell

Spielidee:
Die Hälfte der Spieler hat ein Rollbrett. Alle Spieler mit Rollbrett legen sich in Bauchlage auf das Rollbrett, bilden einen Kreis und fassen sich an. Der Kopf zeigt zur Kreismitte. Die Spieler ohne Rollbrett fassen die im Knie abgewinkelten Beine ihres Partners und beginnen, den Kreis wie ein Karussell zu drehen. Wenn der Kreis reißt, sofort stoppen!

Spielerzahl:
ab 6

Material:
für die Hälfte der Spieler ein Rollbrett

Ort:
Sporthalle

Zeit:
ab 3 Minuten

Variation:
Auf ein Signal hören alle Anschieber auf zu drehen und alle Rollbrettfahrer lassen ihre Nachbarn los und beobachten, was passiert.
Achtung: Es muss genug Auslauf vorhanden sein.

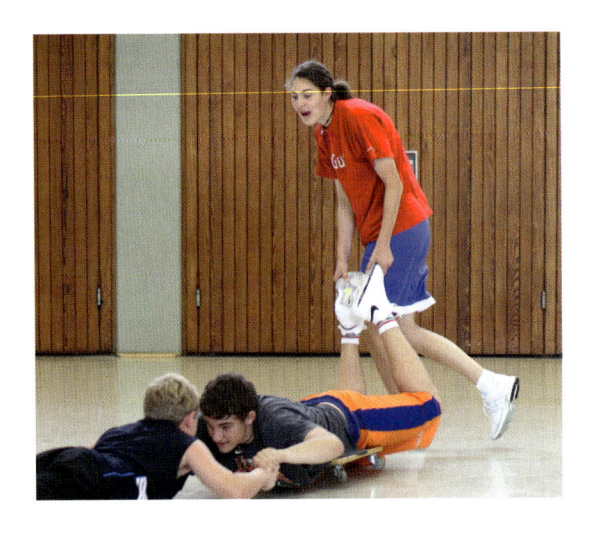

Spezialstrecken

Spielidee:
Es werden 4er- bis 6er-Gruppen gebildet. Diese haben die Aufgabe, befahrbare Hindernisse, Hochgeschwindigkeitskurse, Slalomstrecken oder Tunnel zu planen, zu bauen, zu testen und zu verbessern. Aus allen Stationen wird zum Schluss ein Abenteuerparcours gebaut, den alle Spieler als Rundkurs befahren.

Spielerzahl:
ab 8

Material:
Bänke, Sprossenwände, Matten, Weichböden, Sprungbretter, Kästen, Kastenteile, Barren, Niedersprungmatten, Rollbretter

Ort:
Sporthalle

Zeit:
ab 30 Minuten

Kegeln oder Curling

Spielidee:
Es werden 10 Kegel, Gymnastikkeulen oder leere Plastikflaschen aufgestellt. Ein Fahrer sitzt auf dem Rollbrett, der Partner schiebt ihn bis zu einer vorgegebenen Markierung an und lässt ihn dann los. Der Fahrer darf nur passiv auf die Kegel zu rollen. Wie viele Kegel fallen um? Anschließend werden die Kegel wieder aufgestellt und die Rollen getauscht.

Spielerzahl:
ab 2

Material:
pro Paar 10 Kegel, 1 Rollbrett, 10 Gymnastikkeulen oder Wasserflaschen

Ort:
Sporthalle

Zeit:
ab 5 Minuten

Variationen:
Rollbrett-Dart: Welchem Paar gelingt es zuerst, dass 51 oder 101 Kegel umfallen?
Es können auch 4er- oder 6er- Mannschaften gebildet werden, die zusammen spielen und ihre umgefallenen Kegel addieren.

Feuer, Wasser, Blitz

Spielidee:
Alle Spieler fahren mit ihrem Rollbrett alleine oder Rücken an Rücken mit einem Partner kreuz und quer durch die Sporthalle. Der Spielleiter ruft „Feuer", „Wasser" oder „Blitz". Auf diese Kommandos müssen die Spieler so schnell wie möglich bestimmte Aufgaben erfüllen:
„Feuer": alle Spieler berühren so schnell wie möglich die linke Hallenseite
„Wasser": alle Spieler berühren so schnell wie möglich die rechte Hallenseite
„Blitz": alle Spieler berühren so schnell wie möglich eine Bank
Wer als letzter die jeweilige Aufgabe erfüllt, bekommt einen Strafpunkt. Die Aufgaben können natürlich beliebig abgeändert werden.

Spielerzahl:
ab 4

Material:
2 - 3 Langbänke, pro Paar oder für jeden Spieler ein Rollbrett

Ort:
Sporthalle

Zeit:
ab 5 Minuten

Variationen:
- Der Spielleiter erzählt eine Geschichte, in der 3 bis 5 vorher ausgewählte Signalwörter vorkommen. Die Aufgaben, die beim Nennen dieser Signalwörter zu erfüllen sind, können beliebig festgelegt werden.
- Die Fahrweise vorgeben, die Antriebsart vorgeben oder eine Zusatzaufgabe stellen.

Autorennen

Spielidee:
Ein Team besteht aus 2 bis 3 Personen, jedes Team baut sich einen kleinen Rennwagen, indem ein kleiner Kasten umgedreht auf ein Rollbrett gestellt wird. Mit Hütchen wird eine Rennstrecke markiert und jedem Team wird seitlich außerhalb der Rennstrecke eine Boxengasse zum Fahrer- und Anschieberwechsel zugewiesen. Nur dort darf gewechselt werden. Auf der Rennstrecke muss ein Fahrer immer im Auto (kleinen Kasten) sitzen, 1 oder 2 Spieler können ihn anschieben. Wann und wie gewechselt wird, bleibt den Teams selbst überlassen. Welches Team schafft in 10 Minuten die meisten Runden?

Spielerzahl:
ab 6
Material:
so viele Rollbretter und kleine Kästen wie Teams, Matten zur Begrenzung der Boxengassen
Ort:
Sporthalle
Zeit:
10 Minuten
Variation:
Eine Matte wird auf 2 Rollbretter gelegt. Auf diesem „Rennwagen" fahren dann 4 Fahrer.

Mensch-ärgere-dich-nicht

Spielidee:
4 oder 6 Mannschaften spielen gegeneinander auf einem Spielbrett Mensch-ärgere-dich-nicht nach den bekannten Regeln. Jede Mannschaft hat einen eigenen Würfel. Ein Spieler jeder Mannschaft würfelt und setzt den Spielstein auf dem Spielbrett die entsprechende Augenzahl weiter. Anschließend muss die gesamte Mannschaft eine vorgegebene Strecke entsprechend der gewürfelten Zahl zurücklegen, z.B.
1 = rollern
2 = im Sitzen fahren
3 = in Bauchlage fahren
4 = rückwärts fahren
5 = Slalom fahren
6 = alle als Kette hintereinander
Erst wenn alle Mannschaftsmitglieder wieder am Spielbrett angekommen sind, darf der nächste Spieler würfeln. Sieger ist das Team, welches zuerst 1, 2 oder alle Spielsteine im Häuschen hat. Steht pro Mannschaft nur ein Rollbrett zur Verfügung, müssen die Aufgaben angepasst werden.

Spielerzahl:
ab 8
Material:
1 Mensch-ärgere-dich-nicht Spielbrett für 4 oder 6 Spieler, Figuren und einen Würfel für jede Mannschaft, pro Spieler ein Rollbrett, eventuell auch nur für jede Mannschaft ein Rollbrett
Ort:
Sporthalle
Zeit:
ab 10 Minuten

Formationen

Spielidee:
Mehrere Spieler fahren auf ihren Rollbrettern in einer ausgedachten oder vorgegebenen Formation durch die Halle, z.B. als Stern, Kette, Kreis oder Pfeil, im Rechteck, Dreieck oder als Acht.

Spielerz.ahl:
ab 6

Material:
für jeden Spieler ein Rollbrett

Ort:
Sporthalle

Zeit:
ab 5 Minuten

Wer rollt am weitesten?

Spielidee:
Alle Spieler stoßen sich mit Händen oder Füßen von der Wand ab und versuchen anschließend, möglichst weit zu gleiten. Wer kommt am weitesten?

Spielerzahl:
ab 2

Material:
für jeden Spieler ein Rollbrett

Ort:
Sporthalle

Zeit:
ab 3 Minuten

Variation:
- rückwärts abstoßen
- verschiedene Fahrpositionen ausprobieren
- ein Partner gibt Anschwung

Ballspiele

Parteiball

Spielidee:
2 Mannschaften mit 4 bis 6 Spielern spielen gegeneinander. Jeder Spieler hat ein Rollbrett. Wer es schafft, 5 Pässe innerhalb der eigenen Mannschaft zu spielen, ohne dass der Gegner an den Ball kommt, bekommt einen Punkt. Bei Punktgewinn wechselt der Ballbesitz. Ein Pass wird nur gezählt, wenn sich sowohl der Passgeber als auch der Passempfänger auf dem Rollbrett befinden. Jeder erfolgreiche Pass wird von der Mannschaft in Ballbesitz laut mitgezählt. Mit dem Ball in der Hand darf nicht gefahren werden.
Sieger ist, wer am Ende der Spielzeit die meisten Punkte erzielt hat.

Spielerzahl:
8 - 12

Material:
1 beliebiger Ball, Leibchen, für jeden Spieler ein Rollbrett

Ort:
Sporthalle

Zeit:
ab 5 Minuten

Variationen:
- Es darf nicht zu dem Spieler zurück gepasst werden, von dem man den Ball erhalten hat.
- Es wird mit einem kurzen Hockeyschläger und einem Puck oder Lochball gespielt.
- Es darf nur mit dem Fuß gepasst werden.
- Der Ball darf nur gerollt werden.
- Immer 2 Spieler einer Mannschaft sitzen Rücken an Rücken auf einem Rollbrett.
- Um einen Punkt zu erzielten, benötigt man 10 Pässe.
- Es werden mit umgedrehten kleinen Kästen auf dem Rollbrett Taxis gebaut. Mannschaft A sitzt im Kasten, Mannschaft B schiebt. Mannschaft A soll sich den Ball innerhalb der Mannschaft so oft wie möglich hin und her passen, Mannschaft B versucht, dieses durch geschicktes Schieben zu verhindern.
- Bei einer ungeraden Spielerzahl gibt es einen deutlich gekennzeichneten Joker, der immer bei der Mannschaft in Ballbesitz spielt.

Jägerball

Spielidee:
Die Spieler sitzen paarweise Rücken an Rücken auf einem Rollbrett. 2 Paare werden als Jäger gekennzeichnet, alle anderen Paare sind Hasen. Ziel der Jäger ist es, mit einem Softball möglichst viele Hasen abzutreffen oder zu berühren. Paare, die getroffen werden, werden ebenfalls als Jäger gekennzeichnet. Die Hasen dürfen den Ball nicht fangen und indirekte Treffer zählen auch. Welches Paar bleibt übrig?

Spielerzahl:
ab 12

Material:
pro Paar ein Rollbrett, Markierungsbänder oder Leibchen, 1 Softball

Ort:
Sporthalle

Zeit:
ab 10 Minuten

Variationen:
- Es gibt 4 bis 6 feste Jägerpaare. Wer getroffen wurde, muss einmal oder zweimal um das Spielfeld fahren, bevor er als Hase weiter spielen darf. Welche Jägergruppe schafft es, alle Hasen aus dem Feld zu befördern?
- Alle Spieler haben ein Rollbrett. Ziel des mit einem Leibchen gekennzeichneten Jägers ist es, mit einem Softball möglichst viele Hasen abzutreffen. Wer getroffen wurde, bekommt ein Leibchen und wird ebenfalls Jäger. Die Hasen dürfen den Ball nicht fangen und auch indirekte Treffer zählen.

Kastenhandball

Spielidee:
2 Mannschaften mit 4 bis 6 Spielern spielen gegeneinander mit dem Ziel, Tore zu werfen. Jeder Spieler hat ein Rollbrett. Gespielt wird mit einem Handball auf kleine Kästen. Diese stehen auf blauen Matten, die den Kreis darstellen, im Feld, so dass von allen Seiten Tore erzielt werden können. Das Rollbrett darf nicht verlassen werden, sondern wird mit einem Freiwurf für den Gegner geahndet. Mit dem Ball in der Hand darf nicht gefahren werden, dribbeln ist erlaubt. Die Fahrtechnik ist beliebig.

Spielerzahl:
8 - 12

Material:
2 kleine Kästen, 2 blaue Matten, 1 Handball, Leibchen, für jeden Spieler ein Rollbrett

Ort:
Sporthalle, 2 Spielfelder nebeneinander sind möglich

Zeit:
ab 5 Minuten

Variationen:
- Es wird auf 4 Tore gespielt. Die Tore stehen entweder parallel auf der Grundlinie oder sind in einer Raute angeordnet. Jede Mannschaft greift auf 2 Tore an und verteidigt 2 Tore.
- Es wird Hockey mit kurzen Schlägern auf 2 oder 4 Tore gespielt.
- Es wird Fußball auf 2 oder 4 Tore gespielt.
- Es wird mit einem Pezziball Fußball auf Linientore gespielt.
- Es wird auf 3 offene Hütchentore, die frei im Feld stehen, Handball oder Fußball gespielt. Jeder Pass durch ein Hütchentor, der von einem Mitspieler angenommen werden kann, zählt einen Punkt.
- Immer 2 Spieler einer Mannschaft sitzen Rücken an Rücken auf einem Rollbrett.

Rollball

Spielidee:
2 Mannschaften mit 4 bis 6 Spielern spielen gegeneinander mit dem Ziel, einen Basketball, eine Frisbeescheibe oder einen Jonglierteller über die gegnerische Grundlinie oder gegen die gegnerische Wand zu rollen oder zu schieben. Jeder Spieler hat ein Rollbrett. Das Rollbrett darf nicht verlassen werden und mit dem Ball oder der Scheibe in der Hand darf nicht gefahren werden.

Spielerzahl:
8 - 12

Material:
Basketball, Leibchen, pro Spieler ein Rollbrett

Ort:
Sporthalle, 2 Spielfelder nebeneinander sind möglich

Zeit:
ab 5 Minuten

Variationen:
- Es wird auf 3 offene Hütchentore gespielt. Ein Tor wird nur gewertet, wenn ein Mitspieler den gerollten Pass dauf er anderen Seite des Hütchentores annehmen kann.
- Es wird mit einem Tennisball oder Pezziball gespielt.
- Immer 2 Spieler einer Mannschaft sitzen Rücken an Rücken auf einem Rollbrett.

Hockey

Spielidee:
2 Mannschaften spielen gegeneinander Hockey mit kurzen Schlägern, die extra für Rollbretter entwickelt wurden. Jeder Spieler hat ein Rollbrett. Gespielt wird mit einem Puck oder Lochball aus Plastik auf 4 Hütchentore, d.h., jede Mannschaft greift auf 2 Tore an und verteidigt 2 Tore. Der Ball/Puck darf nur gespielt werden, so lange der Spieler sich auf dem Rollbrett befindet und er darf nur flach gespielt werden. Die Fahrtechnik auf dem Rollbrett ist beliebig. Es gibt keinen festen Torwart.

Spielerzahl:
3 - 6 Spieler pro Mannschaft
Material:
kurze Rollbrett-Hockeyschläger, Lochball oder Puck, Hütchentore oder mit der Öffnung zum Spielfeld gedrehte kleine Kästen, gedrehte Langbänke als Banden, Leibchen, für jeden Spieler ein Rollbrett
Ort:
Sporthalle, 3 Spielfelder in einem Hallenteil möglich
Zeit:
ab 10 Minuten
Variation:
Immer 2 Spieler einer Mannschaft sitzen Rücken an Rücken auf einem Rollbrett.

Haltet das Feld frei

Spielidee:
2 Mannschaften, die durch eine Mittellinie, Bänke oder eine Zauberschnur voneinander getrennt sind, spielen gegeneinander. Alle Spieler haben ein Rollbrett oder jeweils 2 Spieler sitzen Rücken an Rücken auf einem Rollbrett. In jeder Spielfeldhälfte befinden sich mehr Bälle als Spieler. Ziel ist es, so viele Bälle wie möglich in das gegnerische Feld zu werfen oder zu rollen. Sieger ist, wer nach Ertönen des Schlusspfiffs weniger Bälle in seinem Spielfeld hat. Die Bälle dürfen nicht gesammelt werden, es gibt kein „aus" und für jeden nach dem Schlusspfiff noch geworfenen oder gerollten Ball werden jeweils 2 Strafbälle für die Mannschaft dazu addiert.

Spielerzahl:
ab 8
Material:
Bälle, Bierdeckel, für jeden Spieler oder für ein Spielerpaar ein Rollbrett
Ort:
Sporthalle
Zeit:
2-3 Minuten pro Durchgang
Variation:
Es wird mit Hockeyschlägern und Tennisbällen unter einer Schnur hindurch gespielt.

Schiffe versenken

Spielidee:
Es gibt 2 Mannschaften. Eine Mannschaft ist die Feldmannschaft. Jeder Spieler dieser Mannschaft zieht im Spielfeld mit einem Seil ein Rollbrett hinter sich her. Auf diesem Rollbrett befindet sich ein umgedrehter kleiner Kasten als Schiff. Die Werfermannschaft steht außerhalb des Spielfeldes. Ihre Aufgabe ist es, möglichst viele Schiffe zu versenken, indem sie Bälle hinein werfen. Gespielt wird auf Zeit. Nach Ablauf der Zeit werden die Rollen getauscht. Welche Mannschaft hat die meisten Schiffe versenkt?

Spielerzahl:
ab 10

Material:
für die Hälfte der Spieler ein Rollbrett, 1 Seilchen, 1 kleiner Kasten, 2 Bälle pro Spieler

Ort:
Sporthalle

Zeit:
5 Minuten pro Durchgang

Variation:
Die Kartons werden von den Rollbrettern geworfen.

Brennball

Spielidee:
2 Mannschaften spielen gegeneinander Brennball. Jeder Spieler der Werfermannschaft hat ein Rollbrett. Der Startspieler wirft einen Ball ins Feld und muss anschließend die Laufstrecke mit dem Rollbrett fahren. Der Ball darf beliebig ins Spiel gebracht werden und ist nicht aus. Spieler, die weder ein Freimal noch das Parcoursende mit dem Rollbrett erreichen, bevor der Ball im Brenner ist, sind verbrannt und stellen sich bei ihrer Werfermannschaft wieder hinten an. Pro erfolgreich absolvierten Parcours gibt es einen Punkt, ein home-run zählt doppelt. Die Feldspieler dürfen die Rollbrettfahrer nicht behindern. Der Brennmeister der Feldspielermannschaft wird nach jedem Wurf gewechselt. Gespielt wird auf Zeit. Die Mannschaft mit den meisten Punkten gewinnt.

Spielerzahl:
mindestens 7 Spieler pro Mannschaft

Material:
kleine Kästen oder Hütchen als Freimale, ein umgedrehter kleiner Kasten als Brenner, ein beliebiger Ball, für die Hälfte der Spieler ein Rollbrett

Ort:
Sporthalle

Zeit:
ab 5 Minuten pro Durchgang

Variationen:
- Die Werfer absolvieren den Parcours paarweise, ein Spieler sitzt in einem umgedrehten kleinen Kasten auf dem Rollbrett, der Partner schiebt.
- 2 - 3 Spieler werfen und starten gleichzeitig. Erst wenn der letzte Ball im Brenner angekommen ist, ist der Durchgang beendet.
- Die Werfer sitzen Rücken an Rücken auf einem Rollbrett. Bei dieser Variation sollte es zusätzliche Male geben, weil die Fahrer langsamer sind.
- Es werden Hindernisse in den Fahrparcours eingebaut.
- Die Feldspieler sitzen auch Rücken an Rücken auf einem Rollbrett.

Fangspiele

Klammer fangen

Spielidee:
Alle Spieler haben ein Rollbrett. Jeder Spieler befestigt gut sichtbar eine Wäscheklammer an seinem T-Shirt. Alle Spieler versuchen, sowohl ihre eigene Klammer zu beschützen als auch die Klammern der Gegner zu erbeuten. Jede geraubte Klammer wird ebenfalls am eigenen T-Shirt befestigt. In diesem Augenblick ist der Spieler für einen Augenblick neutralisiert und darf nicht abgeschlagen werden. Wer nach Ablauf der Spielzeit die meisten Klammern an seinem T-Shirt hat, ist Sieger.
Wichtig: Das Spielfeld sollte nicht zu groß sein.

Spielerzahl:
ab 4
Material:
Wäscheklammern, für jeden Spieler ein Rollbrett
Ort:
Sporthalle
Zeit:
ab 5 Minuten

Fangen

Spielidee:
1 bis 2 mit einer Mütze gekennzeichnete Fänger müssen alle anderen Spieler fangen. Gelingt es einem Fänger, einen Spieler zu fangen, wechseln die Rollen.

Spielerzahl:
ab 4
Material:
für jeden Spieler ein Rollbrett
Ort:
Sporthalle
Zeit:
ab 3 Minuten
Variation:
Die Fänger dürfen die Fahrlage bestimmen.

Paarfangen

Spielidee:
Immer 2 Spieler bilden ein Paar. Einer der beiden Spieler sitzt auf dem Rollbrett, sein Partner schiebt ihn. Ein Paar wird als Fänger gekennzeichnet. Nur der Fahrer darf abschlagen. Wer abgeschlagen wird, ist neuer Fänger. Der Spielleiter sagt zwischenzeitlich immer wieder einen Fahrerwechsel an, so dass alle Spieler möglichst gleich lange gefahren werden und schieben.

Spielerzahl:
ab 8
Material:
für die Hälfte der Spieler ein Rollbrett, 1 Parteiband
Ort:
Sporthalle
Zeit:
ab 5 Minuten

Verzaubern

Spielidee:
Es gibt, je nach Gruppengröße, 2 bis 4 gut gekennzeichnete Zauberer. Sie versuchen, die Gejagten durch Abschlagen zu verzaubern. Zauberer und Gejagte dürfen sich beliebig auf dem Rollbrett fortbewegen. Wer verzaubert wurde, bleibt an Ort und Stelle auf seinem Rollbrett sitzen und hebt die Hand. Ein Mitspieler kann ihn durch Abschlagen wieder befreien. Nach Ablauf einer bestimmten Zeit übergeben die Zauberer ihre Kennzeichnung an einen Gejagten. Dieser werden neue Zauberer und das Spiel startet von vorn.

Spielerzahl:
ab 6
Material:
Leibchen, für jeden Spieler ein Rollbrett
Ort:
Sporthalle
Zeit:
ab 5 Minuten
Variationen:
- Nach und nach kennzeichnet der Spielleiter weitere Zauberer, so dass es den Fängern allmählich gelingt, alle Spieler zu verzaubern.
- Die Gefangenen müssen sich mit gegrätschten Beinen hinstellen und ihr Rollbrett in der Hand halten. Sie können erlöst werden, wenn ein Mitspieler in Bauchlage durch ihre gegrätschten Beine fährt.

Schwarz – Weiß

Spielidee:
Spielerpaare stellen sich so in Gassenaufstellung an der Mittellinie auf, dass sich bei ausgestrecktem Arm ihre Fingerspitzen berühren. Eine Seite ist schwarz, die andere weiß. Auf das Kommando „schwarz" des Spielleiters fliehen alle „Schwarzen" zu einer vorgegebenen Linie auf ihrer Seite. Die „Weißen" versuchen sie dabei zu fangen. Auf das Kommando „weiß" fliehen dementsprechend alle „Weißen" und die „Schwarzen" müssen fangen. Jeder erfolgreiche Fänger bekommt einen Punkt.

Spielerzahl:
ab 8

Material:
für jeden Spieler ein Rollbrett

Ort:
Sporthalle

Zeit:
ab 3 Minuten

Variationen:
- Die Spieler starten aus unterschiedlichen Ausgangspositionen, z.B. mit dem Rücken zueinander.
- Die Fahrform und Position auf dem Rollbrett werden vorgegeben.
- Wer falsch reagiert, bekommt einen Punkt abgezogen.
- Immer 2 Spieler, die sich gegenüber befinden, spielen Schnick-Schnack-Schnuck: Der Sieger fängt, der Verlierer flieht.
- Der Spielleiter erzählt eine Geschichte, in der die Wörter „schwarz" und „weiß" vorkommen oder in der eindeutig schwarze und eindeutig weiße Begriffe vorkommen, wie z.B. Schnee und Schornsteinfeger.
- Der Spielleiter stellt eine Rechenaufgabe. Eine Seite ist ungerade, die andere gerade. Bei geradem Ergebnis müssen alle „geraden" Spieler fliehen, die „ungeraden" fangen, bei ungeradem Ergebnis dementsprechend umgekehrt.

Felderwechsel

Spielidee:
4 Mannschaften spielen gegeneinander mit dem Ziel, möglichst schnell in ein anderes Feld zu gelangen. In den Ecken eines Spielfeldes werden 4 quadratische Felder markiert, die mindestens 5 Meter Abstand zueinander haben sollten. Jedes Feld erhält einen Ländernamen. Zu Beginn des Spiels fahren alle Spieler in ihrem Land umher, der Spielleiter gibt die Fortbewegungsart vor. Plötzlich ruft er 2 Ländernamen. Die Spieler, die sich gerade in den aufgerufenen Ländern befinden, wechseln so schnell wie möglich ihre Länder. Die Mannschaft, die zuerst komplett das neue Land erreicht, bekommt einen Punkt.

Spielerzahl:
ab 12

Material:
Markierungshütchen oder Kreide, für jeden Spieler ein Rollbrett

Ort:
Sporthalle

Zeit:
ab 5 Minuten

Variationen:
- Ruft der Spielleiter „alle Länder", wechseln alle Mannschaften im Uhrzeigersinn in das neue Land.
- Ruft der Spielleiter „diagonal", wechseln alle Mannschaften in das diagonal gegenüber liegende Land.
- Auch paarweise Rücken an Rücken möglich oder mit einem Partner, der schiebt.
- Verschiedene Zusatzaufgaben sind möglich.

Bäumchen, Bäumchen wechsle dich

Spielidee:
Im Spielfeld werden Teppichfliesen verteilt, eine Teppichfliese weniger als Spieler. Alle Spieler müssen um das Spielfeld herum fahren. Auf Pfiff des Spielleiters ist es das Ziel jedes einzelnen Spielers, so schnell wie möglich mit einem Rollbrettrad auf einer freien Teppichfliese zu stoppen. Wer kein freies Mal besetzen kann, bekommt einen Minuspunkt.

Spielerzahl:
ab 6

Material:
1 oder 2 Teppichfliesen weniger als Spieler, für jeden Spieler ein Rollbrett

Ort:
Sporthalle

Zeit:
ab 5 Minuten

Variationen:
- Jeder Spieler steht zu Beginn des Spiels mit einem Rad auf einer Teppichfliese, die in der Hallenmitte oder Spielfeldmitte liegt. Auf Kommando des Spielleiters fahren alle Spieler so schnell wie möglich zu einer Stirnseite und berührt dort die Wand. In der Zwischenzeit entfernt der Spielleiter eine oder mehrere Teppichfliesen. Ziel ist es, nach Berührung der Wand wieder eine Teppichfliese zu besetzen.
- Die Spieler fahren zur Musik um das Spielfeld herum. Bei Musikstopp gilt es, so schnell wie möglich eine Teppichfliese zu besetzen.

Bankräuberjagd

Spielidee:
Alle Spieler fahren mit einem Rollbrett. 2 oder 3 gekennzeichnete Polizisten müssen alle übrigen Fahrer, die Bankräuber, fangen. Mit Hütchen wird ein Parcours abgesteckt, der aussieht wie ein Fang-den-Hut-Spielbrett. Die Bankräuber dürfen nur außen links und rechts herum um den Kreis-Parcours herum fahren, die Polizisten jedoch auch auf 2 möglichen gekennzeichneten Wegen den Kreis durchqueren. Wird ein Bankräuber gefangen, tauscht er mit dem Polizisten die Rolle und das Leibchen.

Spielerzahl:
ab 8

Material:
Hütchen, Leibchen, pro Spieler ein Rollbrett

Ort:
Sporthalle

Zeit:
ab 5 Minuten

Variationen:
- Sowohl Bankräuber als auch Polizisten teilen sich ein Rollbrett und fahren Rücken an Rücken auf dem Rollbrett
- Partner A sitzt auf dem Rollbrett oder in einem umgedrehten kleinen Kasten auf dem Rollbrett und Partner B schiebt ihn. Nach jeder Minute werden auf Pfiff des Spielleiters die Rollen getauscht.

Fischer, Fischer, wie tief ist das Wasser?

Spielidee:
Die Gejagten, also alle Spieler mit Ausnahme des Fischers, befinden sich mit ihren Rollbrettern auf einer Spielfeldseite. Von dort rufen sie dem Fänger/Fischer auf der anderen Seite zu: „Fischer, Fischer, wie tief ist das Wasser?" Dieser ruft zurück: "x-Meter tief". Die Gejagten fragen weiter: „Wie kommen wir da rüber?" Der Fänger antwortet: „In Bauchlage, rückwärts, kniend..." Alle Gejagten müssen in der vorgegebenen Fahrform die gegenüberliegende Spielfeldseite erreichen, ohne vom Fänger, der mit derselben Technik fahren muss, berührt zu werden. Wer berührt wurde, wird Helfer des Fischers. Gewonnen hat derjenige Spieler, der zuletzt übrig bleibt.

Spielerzahl:
ab 6

Material:
für jeden Spieler ein Rollbrett

Ort:
Sporthalle

Zeit:
ab 5 Minuten

Variation:
Fischer, Fischer, welche Fahne weht heute? Die Gruppe ruft: „Fischer, Fischer, welche Fahne weht heute?" Der Fischer antwortet: „Die rote, gelbe, blaue, gestreifte.....". Das bedeutet, dass im folgenden Durchgang alle Spieler gefangen werden dürfen, nur nicht diejenigen, deren T-Shirts oder Hosen die genannte Farbe haben, also deren „Fahne heute weht".

Luftballons zertreten

Spielidee:
Die Spieler sitzen alleine oder Rücken an Rücken auf einem Rollbrett und binden sich einen aufgeblasenen Luftballon mit einer Schnur an ihr Bein. Ziel ist es, so viele gegnerische Luftballons wie möglich zum Platzen zu bringen und gleichzeitig seinen eigenen Luftballon zu schützen. Spieler mit einem geplatzten Ballon scheiden aus. Wer als letzter noch einen Ballon hat, ist Sieger.

Spielerzahl:
ab 4

Material:
Luftballons und Bänder zum Befestigen am Bein, für jeden Spieler oder für die Hälfte der Spieler ein Rollbrett

Ort:
ein nicht zu großes abgestecktes Feld in der Sporthalle, die Größe ist abhängig von der Spielerzahl

Zeit:
ab 5 Minuten

Variation:
Die Spieler scheiden nicht aus, sondern bekommen vom Spielleiter immer einen neuen Ballon, wenn der alte geplatzt ist und dürfen weiter spielen.

Staffeln

Seilbahnstaffel
Umkehrstaffel

Spielidee:
Für jede Mannschaft wird an die Sprossenwand ein längeres Seil geknotet. Die Fahrer sitzen auf dem Rollbrett. Sie halten das freie Ende des Seils fest und müssen nach erfolgtem Startkommando von der Startlinie nur durch Ziehen mit den Händen am Seil bis zur Sprossenwand fahren, diese berühren und anschließend wieder zurück fahren. Dort schlagen sie den nächsten Fahrer ab.

Spielerzahl:
ab 4
Material:
pro Mannschaft ein Rollbrett und ein langes Seil
Ort:
Sporthalle mit einer Sprossenwand
Zeit:
ab 5 Minuten
Variationen:
Mit verbundenen Augen fahren, sich durch eine Bankgasse ziehen

Taxistaffel
Pendelstaffel

Spielidee:
Der jeweilige Startfahrer fährt mit dem Rollbrett zur gegenüberliegenden Seite. Dort steigt ein weiterer Fahrer hinzu und beide fahren auf dem Rollbrett zurück. Der Startfahrer steigt ab und der dritte Spieler hinzu. Gewinner ist die Staffel, bei der zuerst alle Spieler wieder ihre Ausgangsposition erreicht haben.

Spielerzahl:
ab 8
Material:
pro Mannschaft ein Rollbrett
Ort:
Sporthalle
Zeit:
ab 5 Minuten
Variation:
Umkehrstaffel: Gestartet wird immer zu zweit. Auf dem Hinweg zieht oder schiebt Partner A, auf dem Rückweg Partner B.

Vielseitigkeitsstaffel
Pendel- oder Umkehrstaffel

Spielidee:
Jeder Fahrer fährt viermal, einmal in Bauchlage, einmal rückwärts, einmal rollern und einmal im knien.

Spielerzahl:
ab 4
Material:
für jede Mannschaft ein Rollbrett
Ort:
Sporthalle
Zeit:
ab 5 Minuten

Inlineskates

Als Inliner, Inlineskates oder Skates bezeichnet man die Einheit von Schuh, Schiene und vier hintereinander liegenden Rollen. Es gibt verschiedene Sorten:
- Hardbootskates,
- Softbootskates,
- Speedskates,
- Street- oder Aggressive Skates und
- Off-Road-Skates.

Hardboots haben eine harte Außenschale und bieten im Street- und Stuntbereich des Inlineskatens guten Halt.

Softboots sind bequemer und vor allem im Fitnessbereich verbreitet. Hier sind die Rollen 74 bis 80mm, die Rollenhärte beträgt 78 bis 85A.

Speedskates werden im Rennsport eingesetzt. Der Schuh reicht nur bis zum Knöchel, er ist sehr leicht und hat längere Aluminiumschienen, damit größere Rollen Platz finden. Die maximale Rollengröße ist auf 100mm begrenzt. Die Härte sollte auf der Straße 82 bis 86A betragen, auf der Bahn 85 bis 90A.

Street- oder Aggressive-Skates sind vor allem für Sprünge, Halfpipes oder Treppenfahren geeignet, aber auch dank ihrer Wendigkeit für Inline-Hockey oder –Basketball. Diese Wendigkeit erreichen sie dadurch, dass die Rollen unterschiedliche Durchmesser haben, beispielsweise sind entweder die ersten beiden Rollen kleiner oder die erste und die letzte. Die Rollengröße liegt zwischen 44 und 66mm und die Rollen sind härter, 85 bis 100A, beim Hockey 72 bis 86A. Außerdem verfügen sie über Soulplates, verstärkte Flächen an beiden Seiten des Rahmens zum besseren Grinden und eine abschraubbare Schiene. Off-Road-Skates haben größere Rollen und werden meist mit Stöcken beim Nordic Bladen benutzt.

Die Kugellager werden mit der ABEC-Skala in aufsteigender Qualität von ABEC 1 bis ABEC 11 eingeteilt. Allerdings sind diese Werte nicht besonders aussagekräftig und nur von untergeordneter Bedeutung, weil sie nichts über die Haltbarkeit oder den Leichtlauf der Lager aussagen.

Häufig ist man unsicher, ob es erlaubt ist, mit Inlinern oder Skateboards in Sport- oder Turnhallen zu fahren. Vor allem aus Angst vor schwarzen Streifen und aufgrund des teilweise schlechten Images von Skatern sind Hallenwarte oder Hausmeister in den meisten Fällen strikt dagegen. Klebt man allerdings die Stopper mit Tape ab oder montiert sie ganz ab und säubert die Rollen, spricht nichts mehr dagegen, Inliner in der Sporthalle zu nutzen. Rollen hinterlassen zwar bei dynamischem Einsatz sichtbare Spuren, doch das ist bei Sportschuhen nicht anders. Diese Streifen verschwinden bei einer normalen Feuchtreinigung wieder. Auf einem glatten, ebenen, flächenelastischen Hallenboden wird intensiv Skaterhockey gespielt und es werden sogar mobile Rampen genutzt, ohne dass Beschädigungen festzustellen sind. Er bietet ideale Voraussetzungen. Parkettboden ist weniger geeignet und bei einem punktelastischen Hallenboden ist der Rollwiderstand zu hoch. Asphaltierte Schulhöfe oder „leere" Parkplätze sind auch gut geeignet ebenso wie Skaterhallen, Markthallen, Skaterplätze, geteerte Wege an Flüssen oder Seen oder Wanderwege. Für 20 Spieler braucht man eine Fläche von ungefähr 800 m². Eventuell ist es sinnvoll, einen Besen mitzubringen, um schnell vorher kleine Steine oder Stöcke zu entfernen.

Bei allen Spielformen und Spielen sollten ein Helm und gut sitzende Schoner oder Protektoren (Knie-, Ellbogen- und Handgelenkschoner) Pflicht sein.

Spiel- und Übungsformen alleine

Mit einem Skate

1. Wer gleitet am weitesten?
2. Rollern
3. Auf einer vorgegebenen Strecke so wenig Abdrücke wie möglich
4. Standwaage

Mit 2 Skates

5. Mit O- oder X-Beinen fahren
6. Während der Fahrt Hoch- und Tiefbewegungen machen
7. In der Hocke fahren
8. Slalom fahren
9. Einbeinig fahren im Wechsel auf dem rechten und linken Bein
10. Einbeinig Slalom fahren
11. Einbeinig auf einer Linie fahren
12. Sanduhr:
    die Füße im Wechsel öffnen und schließen
13. Eierlaufen:
    Fahren wie bei der Sanduhr, die erste Hälfte der Sanduhr nur mit dem linken Bein, die zweite nur mit dem rechten
14. Schwung holen und in der Standwaage weiter rollen
15. Rückwärts fahren
16. Rückwärts und vorwärts fahren mit einem einbeinigen Wellenlauf: das linke Bein fährt gerade, das rechte Bein fährt Wellen und umgekehrt
17. Rückwärts Sanduhr fahren
18. Rückwärts einbeinig fahren
19. Crossover:
    Übersetzen vorwärts und rückwärts
20. Turn:
    Drehen von vorwärts auf rückwärts und umgekehrt. Als Möglichkeiten gibt es das Umschleifen, das Umsteigen (den Drehskate anheben und 180° versetzt in die neue Richtung aufsetzen) oder das Umspringen (die Fersen anheben und nur auf den vorderen Rollen drehen)

21. Duck-Walk 1 oder Duffy:
Nur auf den vorderen Rollen (Toe-Toe-Glide) fahren

22. Duck-Walk 2:
Nur auf den hinteren Rollen fahren (Heel-Heel-Glide). Dieses ist nur ohne Stopper möglich.
23. Duck-Walk 3:
Laufen statt fahren
24. Vorwärts fahren und seitlich immer über eine parallel zur Fahrtrichtung verlaufende Linie laufen oder springen

25. Links auf der vorderen Rolle und rechts auf der hinteren Rolle fahren und umgekehrt (Toe-Heel-Glide)
Variation:
- Die Schrittstellung dabei vergrößern
- Rückwärts fahren
- Zusätzlich eine halbe Drehung machen
26. Hütchenslalom:
Die Hütchen stehen 1 bis 2m auseinander in einer Linie oder seitlich versetzt. Es kann wie folgt gefahren werden: vorwärts, rückwärts, einbeinig, mit Kreuzen der Beine über dem Hütchen vorwärts und rückwärts, Öffnen der Beine bei den Hütchen im Zopfmuster vorwärts und rückwärts, im Toe-Heel-Glide vorwärts und rückwärts

27. Während der Fahrt Basketbälle dribbeln mit rechts und links, vorwärts und rückwärts, in der Hocke dribbeln, einen Slalom dribbeln, während des Dribbelns von der Vorwärtsfahrt in die Rückwärtsfahrt drehen
28. Während der Fahrt sich selbst einen Ball hoch werfen und wieder auffangen, vorwärts und rückwärts fahren
29. Während der gesamten Fahrt einen Luftballon in der Luft halten
30. Einen Luftballon zwischen die Beine klemmen und so vorwärts oder rückwärts fahren
31. Parallel zu einer Wand fahren, den Ball dagegen werfen und wieder auffangen
32. Einen Ball wegrollen, hinterher fahren und vom Boden wieder aufnehmen
33. Korbwürfe aus der Fahrt
34. Einen Fußball führen
35. Mit dem Hockeyschläger einen Ball führen
36. Einen Tennisball oder Tischtennisball hochspielen oder prellen
37. Teppichfliesen vorwärts und rückwärts überfahren oder überspringen
38. Über am Boden liegende Seilchen springen, auch mit halber Drehung
39. Weitsprung oder Hochsprung über am Boden liegende Seilchen, Teppichfliesen, ein gespanntes Baustellenband oder Matten

Bremsvarianten ausprobieren

40. T-Stopp:
den hinteren Skate quer zur Fahrtrichtung aufsetzen und schleifen lassen, das Gewicht bleib zunächst auf dem Standbein und wird dann langsam auf die Innenkante des schleifenden Skates verlagert.

41. Heel-Stopp oder Bremsen mit dem Stopper:
Der Fuß mit dem Stopper wird nach vorne geschoben und die Fußspitzen angehoben, so dass nur der Stopper und die hinterste Rolle den Boden berühren. Das hintere Bein wird leicht angewinkelt und der Stopper belastet. Unterstützt wird die Bremswirkung, wenn man den Oberkörper mit beiden Händen auf dem Knie des Bremsbeins abstützt.

42. Schneepflug oder V-Break:
In langsamer Fahrt fahren die Skates etwas gegrätscht und werden auf die Innenkanten gestellt. Anschließend werden beide Skates in einem langsamen Bogen zusammengeführt mit deutlichem Druck auf die hinteren Rollen.

43. Turn-Stopp:
Stoppen durch Drehen

44. Spin-Stopp oder Halbmondbremse:
Den linken Skate nach vorne schieben und anheben, so dass er nur noch auf der hinteren Rolle fährt. Anschließend mit dem rechten Skate einen Bogen um die hintere Rolle fahren.

45. Power-Turn oder Powerslide:
Ähnelt dem Abschwingen beim Skifahren – kurz vor dem eigentlichen Bremsen wird der Oberkörper leicht nach links und anschließend schnell nach rechts gedreht. Dabei fahren die Skates einen engen Bogen nach links und sliden quer zur Fahrtrichtung.

Spiel- und Übungsformen zu zweit

1. Beide Partner rollern zusammen jeweils nur auf einem Skate
2. Schattenfahren: Der Hintermann imitiert alle Fahrformen, die sein Partner vor macht.
3. Spiegelfahren: Partner A fährt rückwärts, Partner B folgt ihm vorwärts
4. Beide Partner fahren synchron nebeneinander
5. Einen Zopf flechten: Partner A und Partner B wechseln fortlaufend durch Kreuzen ihre Spur.
6. Partner A und Partner B fahren nebeneinander und fassen sich dabei an. Sie versuchen, nur durch gegenseitiges Ziehen vorwärts kommen und dürfen keinen Schwung mit dem Beinen holen.
7. Partner B fasst Partner A an den Hüften und lässt sich ziehen
8. Partner A nimmt Partner B Huckepack und fährt vorwärts oder rückwärts. Variation: Känguru: Partner B klammert sich vorne fest.
9. Partner A versucht Partner B im Stand nach hinten weg zu drücken.
10. Ein Spieler fährt Fahrrad, der Inlineskater hängt sich am Gepäckträger an und lässt sich ziehen.
11. Den Partner bremsen: Partner A hängt sich an Partner B, B muss beide bremsen.

Mit Seil und Reifen

12. Beide Partner fassen ein Seil an, der Vordermann zieht seinen Partner hinter sich her
    Variationen:
    - Der Hintermann schließt die Augen
    - der Vordermann hat sich das Seil um den Bauch gebunden, durch Ziehen am Seil nach rechts oder links bestimmt der Kutscher (Hintermann) die Richtung
13. Der Vordermann fährt in einem Gymnastikreifen, der Partner hängt sich hinten an und lässt sich ziehen
14. Beide Spieler fassen jeweils an einem Ende ein Seil an und fahren immer im Kreis durch Übersetzen. Wie schnell kann das Seil sich drehen?
    Variationen: auch rückwärts
15. 4 Fahrer fassen das Seil an.
16. Karussell: Beide Partner halten ein Seil fest. Partner A dreht sich im Mittelpunkt des Kreises am Ort, Partner B fährt um ihn herum.
17. Beide Partner fassen einen Stab an, Partner A zieht Partner B
18. Mit einem Stab fahren, Partner A fährt vorwärts und schiebt Partner B rückwärts
19. Beide Spieler, die zunächst ungefähr 3 Meter auseinander stehen, haben einen Stab, den sie senkrecht vor sich auf den Boden stellen. Auf ein Kommando lassen sie ihren Stab los und versuchen, den Stab des Partners zu greifen, bevor dieser auf den Boden fällt. Nach jedem erfolgreichen Versuch wird der Abstand vergrößert.
    Variationen:
    - Jeder der beiden Spieler dreht einen Reifen. Auf ein Kommando muss jeder den Reifen des Partners aufgenommen haben, bevor dieser auf dem Boden liegt.
20. Beide Spieler haben einen Ball. Auf Kommando wirf jeder seinen Ball in die Luft, beide tauschen die Plätze und versuchen, den Ball des Partners aufzufangen, bevor er den Boden berührt.
21. 2 Spieler transportieren auf 2 Stäben einen Ball oder 2 Bälle

Mit einem Ball

22. Einen Basketball passen und fangen und dabei vorwärts oder rückwärts fahren
    Variationen:
    - beide Partner haben einen Ball
    - nur Bodenpässe spielen
    - rückwärts durch die Beine passen
23. Einen Fußball mit dem Fuß passen
24. Ein Partner fährt vorwärts, der andere rückwärts. Dabei einen Fußball oder Basketball passen
25. Beide Partner fahren vorwärts: A passt in den freien Raum, B nimmt den Ball auf, dreht sich und passt im Rückwärtsfahren zum Partner zurück
26. Zweierlauf mit einem Ball und abschließendem Korbwurf
27. Pezziball- oder Luftballonfahrt: Vorder- und Hintermann klemmen – ohne die Hände zu benutzen – einen Pezziball oder Luftballon zwischen sich ein und versuchen zu fahren.
    Variation:
    - beide Partner fahren rückwärts, ein Partner fährt vorwärts, der andere rückwärts-

Spiele und Spielformen

Klatschspiel

Spielidee:
Alle Spieler fahren frei im Feld umher. Begegnen sich 2 Fahrer, begrüßen sie sich, indem sie nacheinander Knie-, Ellbogen und Handgelenkschoner gegeneinander klatschen.

Spielerzahl:
ab 6

Material:
Inliner und Schutzausrüstung für jeden Spieler

Ort:
Sporthalle, Parkplatz oder Schulhof

Zeit:
ab 3 Minuten

Variation:
Die Spieler fahren zur Musik. Immer wenn die Musik ausgeht, müssen sich 2 Fahrer begrüßen.

Gespann

Spielidee:
2 Fahrer ziehen mit jeweils einem Stab oder einem Reifen einen Dritten, der passiv bleibt.

Spielerzahl:
ab 3

Material:
pro Gruppe 2 Stäbe oder 1 Reifen, Inliner und Schutzausrüstung für jeden Spieler

Ort:
Sporthalle, Schulhof, Parkplatz

Zeit:
ab 3 Minuten

Variationen:
- Nachtflug: Mit geschlossenen Augen gezogen werden.
- Rückwärts gezogen werden.

Orientierungsfahrt

Spielidee:
Es werden Kleingruppen mit 2 bis 4 Spielern gebildet. Diese müssen in beliebiger Reihenfolge 6 bis 10 im Gelände verteilte Posten anfahren. An jedem Posten bekommt man einen Buchstaben. Alle gesammelten Buchstaben ergeben bei richtiger Zusammensetzung das Lösungswort. Welche Gruppe hat das Lösungswort zuerst gebildet?

Spielerzahl:
ab 4

Material:
6 - 10 kleine Kartons oder Sichthüllen, für jedes Team die entsprechenden Buchstaben für das Lösungswort, Inliner und Schutzausrüstung für jeden Spieler

Ort:
Schulhof, Parkplatz

Zeit:
ab 10 Minuten

Formationsfahren

Spielidee:
Mehrere Spieler fahren gemeinsam in einer ausgedachten oder vorgegebenen Formation, z.B. 8, Dreieck, Rechteck, Stern, Kette, Kreis oder Pfeil.

Spielerzahl:
ab 6
Material:
Inliner und Schutzausrüstung für jeden Spieler
Ort:
Sporthalle, Schulhof, Parkplatz
Zeit:
ab 3 Minuten

Stimmungsfahren

Spielidee:
Alle Spieler sollen durch ihre Art zu fahren verschiedene Stimmungen ausdrücken , wie beispielsweise Traurigkeit, Erfolg, Langeweile, Hektik, Unsicherheit, Glück oder Fröhlichkeit .

Spielerzahl:
ab 2
Material:
Inliner und Schutzausrüstung
Ort:
Sporthalle, Schulhof, Parkplatz
Zeit:
ab 3 Minuten

Kette

Spielidee:
Alle Spieler fahren hintereinander und klemmen zwischen sich und den Hintermann einen Pezziball ein, den sie zuerst mit den Händen festhalten dürfen, später aber lediglich mit dem Körper einklemmen müssen. Welche Kette schafft die längste Strecke, ohne dass ein Ball herunter fällt?

Spielerzahl:
ab 3
Material:
für jeden Spieler einen Pezziball, Inliner und Schutzausrüstung
Ort:
Sporthalle, Schulhof, Parkplatz
Zeit:
ab 3 Minuten
Variationen:
- Rückwärts fahren
- Die Fahrer der Kette fahren abwechselnd vorwärts und rückwärts
- Luftballon oder Gymnastikball statt Pezziball
- Zwerg und Riese: Alle Spieler machen sich ganz groß und ganz klein

Stern

Spielidee:
Es werden jeweils 4er- oder 6er-Mannschaften gebildet. Die Spieler jeder Mannschaft bilden durch Handfassung eine Kette und stellen sich so zu den gegnerischen Mannschaften auf, dass ein Stern entsteht. Auf ein Startkommando fahren alle Spieler im Kreis und versuchen, die gegnerische Mannschaft einzuholen. Reißt eine Kette dabei, hat die Mannschaft verloren.

Spielerzahl:
ab 24
Material:
Inliner und Schutzausrüstung
Ort:
Sporthalle, Schulhof, Parkplatz
Zeit:
ab 3 Minuten
Variation:
- Rückwärts fahren
- Mit geschlossenen Augen fahren

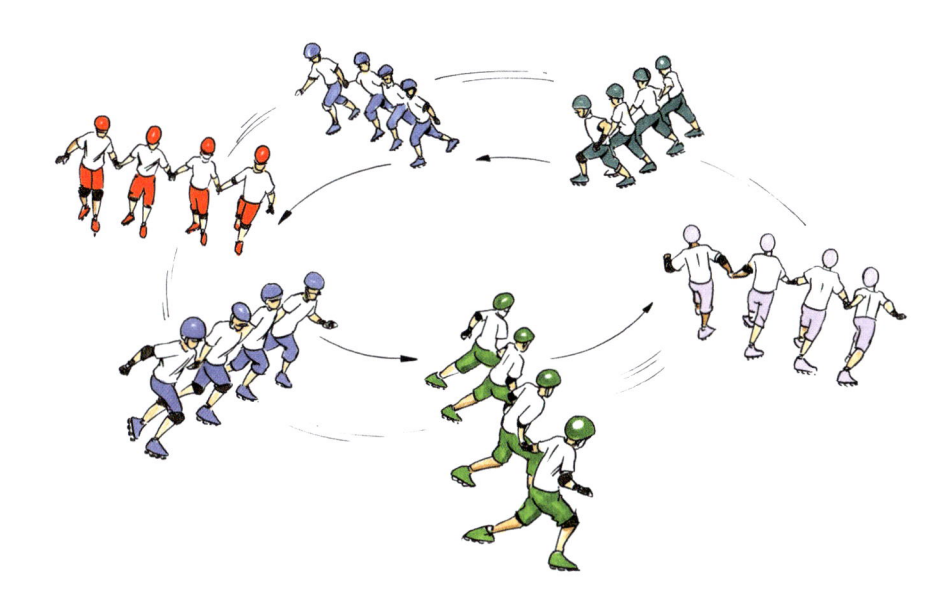

Zugfahrt

Spielidee:
Alle Spieler fassen ein längeres Seil oder eine Zauberschnur an und fahren immer, ohne das Seil los zu lassen, durch die Halle oder über den Schulhof.

Spielerzahl:
ab 4
Material:
Zauberschnur oder längeres Seil, Inliner und Schutzausrüstung
Ort:
Sporthalle, Schulhof, Parkplatz
Zeit:
ab 3 Minuten
Variation:
Zwerg und Riese, also sich ganz groß machen oder ganz klein werden.

Bremstest

Spielidee:
Die Spieler fahren durch einen markierten Beschleunigungsstreifen. Am Ende dieses Streifens darf der Stopper zum Bremsen aufgesetzt werden. Wer hat den kürzesten Bremsweg?

Spielerzahl:
ab 2

Material:
4 Hütchen zum Markieren des Beschleunigungsstreifens, Inliner und Schutzausrüstung

Ort:
Sporthalle, Schulhof, Parkplatz

Zeit:
ab 3 Minuten

Variationen:
- Der Spielleiter gibt die Bremsart vor.
- Jeder Spieler darf seine effektivste oder bevorzugte Bremsart einsetzen.

Sturm

Spielidee:
Jeder Spieler stellt sich vor, es wäre ein starker Sturm und er hat einen wichtigen Termin. Die Spieler fahren vorwärts; aber der Wind bläst sie um, so dass sie hinfallen. Aber alle stehen immer wieder auf, fahren weiter und werden erneut umgeblasen.

Spielerzahl:
ab 2

Material:
Inliner und Schutzausrüstung

Ort:
Sporthalle, Parkplatz, Schulhof

Zeit:
ab 2 Minuten

Bärentanz

Spielidee:
Der Spielleiter steht vor der Gruppe. Alle Spieler stellen sich frontal zum Spielleiter so auf, dass sie genug Platz zu allen Seiten haben und den Spielleiter sehen können. Der Spielleiter zeigt mit den Armen die jeweilige Fahrtrichtung an: vorwärts, rückwärts, nach links oder nach rechts. Alle Spieler müssen so schnell wie möglich reagieren und in die angezeigte Fahrtrichtung fahren.

Spielerzahl:
ab 6

Material:
Inliner und Schutzausrüstung

Ort:
Sporthalle, Schulhof, Parkplatz

Zeit:
ab 3 Minuten

Wer schafft die wenigsten Abdrücke?

Spielidee:
Es wird eine Teststrecke markiert. Gestartet wird vor der Startlinie. Wer bewältigt die Teststrecke mit den wenigsten Beinabdrücken?

Spielerzahl:
ab 2

Material:
Inliner und Schutzausrüstung

Ort:
Sporthalle, Schulhof, Parkplatz

Zeit:
ab 5 Minuten

Variationen:
- Bis zu einer bestimmten Markierung Schwung holen und dann rollen lassen. Wer kommt am weitesten?
- In der Hocke rollen, rückwärts rollen, auf einem Bein rollen.

Figurenfahren

Spielidee:
Es werden 4er- bis 6er-Gruppen gebildet. Alle Gruppenmitglieder laufen dicht hintereinander her. Der Spielleiter ruft Figuren, Zahlen oder Buchstaben, die die Gruppe fahren muss. Nach jeder Figur schließt sich der Vordermann hinten wieder an.

Spielerzahl:
ab 4

Material:
Inliner und Schutzausrüstung

Ort:
Sporthalle oder Schulhof

Zeit:
ab 3 Minuten

Variationen:
- Der jeweils Erste jeder Gruppe bekommt leise vom Spielleiter eine Figur, einen Buchstaben oder eine Zahl gesagt. Diese versucht er, beim Fahren mit den Rollen zu malen. Die Gruppe fährt hinterher und muss erraten, was sie gemalt oder geschrieben hat.
- Der jeweils Gruppenerste denkt sich eine Figur aus, die Gruppe fährt hinterher und muss erraten, was es war.
- Gruppe 1 einigt sich auf einen Buchstaben, eine Zahl oder eine Figur. Gruppe 2 fährt dicht hinterher und muss die Figur erraten. Anschließend werden die Rollen gewechselt. Bei jedem richtigen Raten gibt es einen Punkt für die Mannschaft, die gemalt hat.

La Ola

Spielidee:
Alle Spieler stehen in einer Reihe nebeneinander und probieren das richtige Fallen auf Knie, Ellbogen und Hände in „La-Ola-Form". Statt nach oben geht die Welle hier nach unten.

Spielerzahl:
ab 5
Material:
Inliner und Schutzausrüstung
Ort:
Sporthalle oder Schulhof
Zeit:
ab 1 Minute

Fahren und Fallen

Spielidee:
Alle Spieler fahren umher. Auf Kommando „Fallen" gilt es, nacheinander auf Knie-, Ellbogen- und Handgelenkschoner zu fallen. Wer zuletzt am Boden ist, bekommt einen Minuspunkt.

Spielerzahl:
ab 5
Material:
Inliner und Schutzausrüstung
Ort:
Sporthalle, Schulhof, Parkplatz
Zeit:
ab 3 Minuten

Irrgarten

Spielidee:
Im Spielfeld werden viele Markierungshütchen aufgestellt, die einen Irrgarten darstellen. Alle Spieler suchen sich einen eigenen Weg durch den Irrgarten. An den Hütchen sollen sie im Wechsel links und rechts abbiegen. Es gilt die Vorfahrtsregel rechts vor links.

Spielerzahl:
ab 4
Material:
20 verschiedenfarbige Markierungshütchen, Inliner und Schutzausrüstung
Ort:
Sporthalle oder Schulhof
Zeit:
ab 5 Minuten
Variationen:
- Die Hütchenfarbe gibt an, ob rechts oder links abgebogen werden muss, z.B. rot bedeutet rechts abbiegen und weiß bedeutet links abbiegen.
- Die Spieler fahren durch den Irrgarten und prellen dabei einen Basketball.
- Die Spieler fahren durch den Irrgarten und führen mit dem Hockeyschläger einen Ball.

Luftballon Spiel

Spielidee:
Es werden 5er- oder 6er-Gruppen gebildet, die kreuz und quer durch das Spielfeld fahren. Ziel jeder Gruppe ist es, während der gesamten Fahrt einen Luftballon in der Luft zu halten. Für jede Bodenberührung gibt es einen Strafpunkt.

Spielerzahl:
ab 10

Material:
für jede Gruppe einen Luftballon, Inliner und Schutzausrüstung für jeden Spieler

Ort:
Sporthalle

Zeit:
ab 3 Minuten

Variation:
Jede Gruppe versucht, 2 oder mehr Luftballons gleichzeitig in der Luft zu halten.

Sherlock Holmes

Spielidee:
Ein Spieler, Sherlock Holmes, dreht sich für einen Moment um. Inzwischen bestimmt der Spielleiter oder die Gruppe durch Zeigen einen Spieler, der ihr Bandenchef ist. Alle Spieler fahren anschließend im Spielfeld umher. Der Bandenchef gibt durch seine Fahrweise vor, wie alle zu fahren haben. Aufgabe von Sherlock Holmes ist es, durch genaue Beobachtung herauszufinden, wer der Bandenchef ist. Anschließend wird Sherlock Holmes gewechselt.

Spielerzahl:
ab 10

Material:
Inliner und Schutzausrüstung

Ort:
Sporthalle, Schulhof

Zeit:
ab 5 Minuten

Gruppenslalom

Spielidee:
Alle Spieler einer Gruppe fahren im Abstand von ungefähr 3 Metern mit langsamen Tempo hintereinander her. Der jeweils Gruppenletzte fährt im Slalom an die Spitze. Sobald der neue Fahrer vorne angekommen ist, darf der letzte Spieler los fahren.

Spielerzahl:
ab 3
Material:
Inliner und Schutzausrüstung
Ort:
Radweg, Wanderweg, Schulhof, Sporthalle
Zeit:
ab 3 Minuten

Schwarzes Loch

Spielidee:
Die Spieler bilden eine Schlange, indem sie die Hüfte oder die Schulter des Vordermanns umfassen. Der Kopf der Schlange dreht sich spiralförmig ein. Der Kopf gibt die Geschwindigkeit vor und muss sie so anpassen, dass die Kette nicht reißt.

Spielerzahl:
ab 6
Material:
Inliner und Schutzausrüstung für jeden Spieler
Ort:
Sporthalle, Schulhof
Zeit:
ab 3 Minuten
Variation:
Die Spieler fassen sich an den Händen.

Schlange

Spielidee:
4 bis 6 Spieler fassen jeweils die Hüfte oder die Schulter des Vordermanns und fahren als Schlange hintereinander. Jeder Spieler sollte einmal vorne fahren.

Spielerzahl:
ab 4
Material:
Inliner und Schutzausrüstung für jeden Spieler
Ort:
Sporthalle oder Schulhof
Zeit:
Ab 3 Minuten
Variationen:
- Zu Musik fahren
- Die Gruppe fährt als Kette mit Handfassung nebeneinander.
- Der Vordermann zieht die gesamte Kette.
- Der Hinterste schiebt die Kette.
- Die Gruppe soll so viele Kurven wie möglich fahren.
- Die Schlange fährt rückwärts.

Ruck-Zuck

Spielidee:
Alle Spieler bilden einen großen Kreis. Jeder Spieler stellt vor sich einen Stab, den Hexenbesen, senkrecht auf den Boden. Auf das Kommando „ruck" versucht jeder Spieler, den Stab seines linken Nachbarn zu fassen, bevor dieser den Boden berührt, beim Kommando „zuck" entsprechend den Stab des rechten Nachbarn. Alle Spieler, die den Stab auf den Boden fallen lassen, bekommen Minuspunkte. Wer hat am Ende die wenigsten Minuspunkte?

Spielerzahl:
ab 5

Material:
einen Stab für jeden Spieler, Inliner und Schutzausrüstung

Ort:
Sporthalle oder Schulhof

Zeit:
ab 3 Minuten

Variationen:
- Reifendrehen: Alle Spieler stehen im Kreis und drehen auf Kommando einen Gymnastikreifen. Sind alle Reifen in Bewegung, ruft der Spielleiter zum Beispiel „3 Reifen nach rechts" oder „2 Reifen nach links". Wer den entsprechenden Reifen nicht erreicht, bevor dieser zu Boden fällt, bekommt einen Minuspunkt.
- Alle Spieler werfen jeweils einen Ball am Ort hoch und versuchen, den Ball des rechten oder linken Partners aufzufangen, bevor er zweimal oder einmal den Boden berührt.

Postbeförderung

Spielidee:
5 bis 10 „Briefkästen" (Kartons oder Reifen) werden mit Nummern oder Adressen markiert und im Spielfeld verteilt. Jeder Spieler hat in einem Depot 20 bis 40 „Briefe" in Form von Bierdeckeln, Kronkorken oder alten Tennisbällen-, die mit entsprechenden Nummern oder Adressen versehen sind. Es darf pro Fahrt immer nur ein Brief zugestellt werden. Danach müssen die Fahrer wieder zu ihrem Depot zurück fahren und einen neuen Brief holen. Welcher Spieler hat zuerst alle Briefe ausgetragen?

Spielerzahl:
ab 2

Material:
5 - 10 Kartons oder Reifen als Briefkästen mit Adresse oder Hausnummer. Für jeden Spieler 20 - 40 Bierdeckel mit Adresse oder Hausnummer, Inliner und Schutzausrüstung für jeden Spieler

Ort:
großer Schulhof oder Parkplatz

Zeit:
abhängig von der Zahl der zuzustellenden Briefe und der Größe des Geländes

Mensch-ärgere-dich-nicht

Spielidee:
4 oder 6 Mannschaften spielen gegeneinander auf einem Spielbrett Mensch-ärgere-dich-nicht nach den bekannten Regeln. Jede Mannschaft hat einen Würfel. Die Spieler einer Mannschaft würfeln reihum. Der erste Spieler jeder Mannschaft würfelt, setzt einen Spielstein seiner Farbe auf dem Spielbrett die entsprechende Augenzahl weiter und anschließend muss die gesamte Mannschaft eine vorgegebene Strecke entsprechend der gewürfelten Augenzahl zurück legen, z.B.
1 = Sanduhr
2 = rückwärts
3 = als Kette nebeneinander
4 = Parallelslalom
5 = als Kette hintereinander
6 = vorwärts
Erst wenn alle Mannschaftsmitglieder wieder am Spielfeld angekommen sind, darf der nächste Spieler würfeln. Sieger ist die Mannschaft, die zuerst 1, 2 oder alle Spielsteine im Häuschen hat.

Spielerzahl:
ab 8
Material:
1 Mensch-ärgere-dich-nicht Spielbrett für 4 oder 6 Spieler, Figuren und einen Würfel für jede Mannschaft, Inliner und Schutzausrüstung für jeden Spieler
Ort:
Sporthalle, Schulhof, Parkplatz
Zeit:
abhängig vom Modus und von der zurück zu legenden Strecke

Bewirtung

Spielidee:
Alle Spieler werden nummeriert und fahren kreuz und quer im Spielfeld umher. Die Nummer 1 bekommt vom Spielleiter ein Tablett mit einem Ball darauf. Dieses muss er an die Nummer 2 weitergeben. Die letzte Nummer übergibt das Tablett wieder Spieler Nummer 1. Der Ball sollte möglichst nicht herunter fallen.

Spielerzahl:
ab 3
Material:
1 Tablett und 1 Ball, Inliner und Schutzausrüstung für jeden Spieler
Ort:
Sporthalle, Schulhof, Parkplatz
Zeit:
ab 3 Minuten
Variationen:
- Es werden mehrere kleinere Gruppen gebildet, die jeweils ein Tablett bekommen.
- Jeder Spieler hat ein Tablett. Der Ball muss ohne Zuhilfenahme der Hände übergeben werden.

Omnibus-Spiel

Spielidee:
Jeweils 2 Gymnastikreifen werden zusammen gebunden und stellen den Omnibus dar. In einem Bus müssen 4 Spieler fahren. Entsprechend der Spieleranzahl werden Busse benötigt, die an einer Startlinie liegen. Es gibt verschiedene Haltestellen, die markiert und namentlich benannt werden. Haltestellen können Laternenpfähle, Treppen, Bäume oder ähnliches sein. Alle Spieler fahren umher. Auf Kommando des Spielleiters müssen alle Busse so schnell wie möglich mit 4 beliebigen Spielern besetzt werden und eine vorgegebene Haltestelle ansteuern. Die 4 Spieler, die zuerst ankommen, bekommen einen Punkt. Jeder Spieler zählt seine gesammelten Punkte zusammen.

Spielerzahl:
ab 12

Material:
immer 2 Spieler brauchen einen Reifen, Seilchen oder Band, um die Reifen zusammen zu binden, Inliner und Schutzausrüstung für jeden Spieler

Ort:
Schulhof oder Parkplatz

Zeit:
ab 10 Minuten

Variationen:
- Der Spielleiter nennt 2 oder mehrere Haltestellen, die nacheinander angesteuert werden müssen.
- Die Busse dürfen nur rückwärts fahren.

Familie Meier

Spielidee:
Es werden 2 oder mehr Mannschaften gebildet mit mindestens 5 Spielern. Der Spielleiter erzählt oder liest eine Geschichte vor, in der mindestens 5 verschiedene Personen vorkommen. Immer ein Spieler jeder Mannschaft übernimmt eine dieser Rollen. Liest der Spielleiter beispielsweise „Papa" vor, müssen alle „Papas" eine festgelegte Strecke zurücklegen. Bei „alle" oder „die ganze Familie" fährt die gesamte Mannschaft. Wer zuerst wieder ankommt, bekommt einen Punkt für die Mannschaft.

Spielerzahl:
ab 10

Material:
Geschichte, Inliner und Schutzausrüstung für jeden Spieler

Ort:
Sporthalle, Schulhof, Parkplatz

Zeit:
ab 10 Minuten

Fahrplan

Spielidee:
Es gibt 4 bis 8 unterschiedlich weit voneinander entfernte Haltestellen und 4 feste Mannschaften. Jede Mannschaft bekommt einen anderen Fahrplan, den es gemeinsam abzufahren gilt. Welche Mannschaft ist zuerst komplett am Ziel?

Spielerzahl:
ab 8

Material:
4 bis 8 markierte Haltestellen, 4 Fahrpläne, Inliner und Schutzausrüstung für jeden Spieler

Ort:
Parkplatz, Schulhof

Zeit:
ab 5 Minuten

Memory

Spielidee:
Es werden alle Karten eines Memoryspiels gemischt und in der Halle verdeckt verteilt. Alle Spieler fahren zur Musik in der Halle umher. Bei Musikstopp darf jeder Spieler 2 Karten aufdecken. Ist es ein Pärchen, darf er es behalten. Sind es 2 verschiedene Karten, muss er sie wieder umdrehen. Wer hat nach 5 oder 10 Minuten die meisten Paare?
Spielerzahl:
ab 2
Material:
1 Memoryspiel, Inliner und Schutzausrüstung für jeden Spieler
Ort:
Sporthalle
Zeit:
ab 5 Minuten

Malen und Fahren

Spielidee:
Jeder Spieler bekommt eine Malvorlage „Malen nach Zahlen", bei der die einzelnen Flächen mit Nummern gekennzeichnet sind. Jede Zahl steht für eine Farbe. Die Farbstifte sind an verschiedenen Orten im Spielfeld verteilt. Die Spieler fahren zu einer Farbe, nehmen einen Stift, malen damit ein Feld der entsprechenden Farbe aus und bringen den Stift zurück. Anschließend müssen sie eine andere Farbe holen. Wer hat als erster seine Malvorlage komplett ausgemalt?

Spielerzahl:
ab 2
Material:
Ausmalvorlagen für jeden Spieler, für jeden Spieler Farbstifte in den entsprechenden Farben, Markierungen für die einzelnen Positionen, Inliner und Schutzausrüstung für jeden Spieler
Ort:
Schulhof
Zeit:
ab 5 Minuten
Variation:
als Staffel

Sprungwettbewerb

Spielidee:
Auf dem Spielfeld liegen viele Seilchen. Alle Spieler fahren umher. Wer springt in der vorgegebenen Zeit über die meisten Seilchen?

Spielerzahl:
ab 2

Material:
viele Seilchen, Inliner und Schutzausrüstung für jeden Spieler

Ort:
Sporthalle, Schulhof, Parkplatz

Zeit:
ab 3 Minuten

Variationen:
- Die Seilchen können seitlich, frontal oder rückwärts übersprungen werden. Seitliches Überspringen gibt einen Punkt, frontales Überspringen 2 Punkte und rückwärts Überspringen 3 Punkte. Wer erreicht die meisten Punkte?
- Statt über Seilchen können Teppichfliesen, Reifen oder bei Könnern Bänke, kleine Kästen oder Matten übersprungen werden.

Feuer, Wasser, Blitz

Spielidee:
Alle Spieler fahren im Feld umher. Der Spielleiter ruft „Feuer", „Wasser" oder „Blitz". Auf diese Kommandos müssen alle Spieler so schnell wie möglich vorgegebene Aufgaben erfüllen:
„Blitz": Fallen lassen
„Wasser": bremsen
„Feuer": zu einer vorgegebenen Wand oder Linie fliehen
Wer als letzter die jeweilige Aufgabe erfüllt, bekommt einen Strafpunkt. Wer hat am Ende die wenigsten Strafpunkte? Die Aufgaben können natürlich beliebig abgeändert werden.

Spielerzahl:
ab 6

Material:
Inliner und Schutzausrüstung für jeden Spieler

Ort:
Sporthalle, Schulhof oder Parkplatz

Zeit:
ab 5 Minuten

Variation:
Der Spielleiter kann eine Geschichte erzählen oder vorlesen, in der 3 oder mehr vorher ausgewählte Begriffe vorkommen, für die entsprechende Aufgaben festgelegt werden, z.B. „Familie": zu viert zusammen fahren, „Ehepaar": zu zweit zusammen fahren, „Eis": in der Bewegung einfrieren, „Kirchturm": Huckepack fahren.

Ballspiele

Eventuell sollte bei den Ballspielen auf die Handgelenksprotektoren verzichtet werden, da das Ballhandling dadurch sehr erschwert wird.

Bälle übergeben

Spielidee:
Alle Spieler fahren frei im Feld umher. Die Hälfte der Spieler hat einen Ball in der Hand. Begegnen sich ein Fahrer mit und ein Fahrer ohne Ball, muss der Spieler mit Ball diesen dem anderen Spieler im Fahren übergeben.
Spielerzahl:
ab 6

Material:
einen Ball, Inliner und Schutzausrüstung
Ort:
Sporthalle, Schulhof
Zeit:
ab 3 Minuten
Variationen:
- mit Hockeyschlägern und Bällen oder Pucks
- Alle Spieler fahren im Feld umher und legen im Wechsel Basketbälle in einem Reifen ab und nehmen aus einem anderen Reifen einen neuen Ball auf.

Passen und nachfahren

Spielidee:
Alle Spieler stehen zunächst im Kreis. Ein Ball wird kreuz und quer innerhalb des Kreises gepasst, jeder Spieler fährt seinem gespielten Pass nach.
Spielerzahl:
ab 5

Material:
pro Kreis 1 oder 2 Bälle, für jeden Spieler Inliner und Schutzausrüstung
Ort:
Sporthalle, Schulhof, Parkplatz
Zeit:
ab 5 Minuten
Variation:
Hockey

Farbenspiel

Spielidee:
Alle Spieler fahren im Feld umher. Ein Drittel der Fahrer trägt ein rotes Hemd, ein Drittel ein gelbes und ein Drittel ein grünes Hemd. Ein Ball muss immer von rot zu grün zu gelb und wieder zu rot gepasst werden. Sobald dieses gut funktioniert, wird ein weiterer Ball ins Spiel gebracht.

Spielerzahl:
ab 9
Material:
Markierungshemdchen in 3 verschiedenen Farben, 1 - 4 Bälle, für jeden Spieler Inliner und Schutzausrüstung
Ort:
Schulhof
Zeit:
ab 5 Minuten
Variation:
Hockey

Nummernspiel

Spielidee:
Es werden Dreier- oder Vierermannschaften gebildet, nummeriert und gekennzeichnet. Alle Fahrer fahren frei im Feld umher. Die jeweilige Nummer 1 hat einen Ball, passt ihn zur 2, die 2 zur 3, die 3 zur 4 und diese wieder zur 1. Gespielt wird mit einem Ball. Als Erschwernis kann für jede Mannschaft ein weiterer Ball hinzugenommen werden.

Spielerzahl:
ab 6
Material:
Markierungshemdchen und für jede Mannschaft 1 - 4 Bälle, Inliner und Schutzausrüstung für jeden Spieler
Ort:
Schulhof
Zeit:
ab 5 Minuten
Variation:
Hockey

Parteiball

Spielidee:
2 gekennzeichnete Vierermannschaften spielen gegeneinander mit dem Ziel, sich innerhalb ihrer Mannschaft einen Ball so oft wie möglich zuzupassen, ohne dass der Ball auf den Boden fällt oder der Gegner an den Ball kommt. Fällt der Ball auf den Boden oder landet er im Aus, wechselt der Ballbesitz zum Gegner. Fängt die gegnerische Mannschaft den Ball ab, versucht sie nun ihrerseits, möglichst viele Pässe zu spielen. Jeder erfolgreiche Pass wird von der Mannschaft laut mitgezählt. Mit dem Ball in der Hand darf nur passiv ausgerollt werden. Bei 5 oder 10 erfolgreichen Pässen erhält die Mannschaft einen Punkt und der Ball wechselt zum Gegner.

Spielerzahl:
ab 8

Material:
1 Ball, Inliner und Schutzausrüstung für jeden Spieler

Ort:
Sporthalle, Schulhof

Zeit:
ab 10 Minuten

Variationen:
- Hockey
- Der Ball darf nicht zu dem Spieler zurück gepasst werden, von dem man den Ball erhalten hat.

Jägerball

Spielidee:
Ein Spieler wird Jäger, alle anderen Spieler sind Hasen (Gejagte). Ziel des Jägers ist es, mit einem Softball möglichst viele Hasen abzutreffen oder zu berühren. Wer getroffen wurde, wird ebenfalls Jäger. Die Hasen dürfen den Ball nicht fangen und indirekte Treffer zählen auch. Welcher Hase bleibt übrig?

Spielerzahl:
ab 8

Material:
1 Softball, gegebenenfalls Leibchen, Inliner und Schutzausrüstung für jeden Spieler

Ort:
Sporthalle – draußen ist das Spiel nicht gut geeignet, da bei Fehlwürfen der Ball zu weit weg rollen kann. Das Wiederholen des Balles unterbricht das Spiel zu lange.

Zeit:
ab 10 Minuten

Variation:
Es gibt 4 bis 6 „feste" Jäger. Wer getroffen wurde, muss einmal oder zweimal um das Spielfeld fahren, bevor er weiter spielen darf. Welche Jägergruppe schafft es, alle Hasen aus dem Feld zu befördern?

Bälle rauben

Spielidee:
Jeder Spieler dribbelt einen Basketball oder führt einen Fußball. Ziel ist es, seinen eigenen Ball zu verteidigen und allen anderen Spielern die Bälle zu rauben, also heraus- oder wegzuspielen. Wer keinen Ball mehr hat, holt ihn wieder und darf weiter spielen.

Spielerzahl:
ab 8

Material:
für jeden Spieler einen Ball, Inliner und Schutzausrüstung für jeden Spieler

Ort:
Sporthalle, Schulhof, Parkplatz

Zeit:
ab 5 Minuten

Variationen:
- Mit einem Rollhockeyschläger einen Ball oder Puck führen.
- Wer keinen Ball mehr hat, muss ihn wiederholen, anschließend mit Ball einen Strafrunde fahren und darf dann erst weiter spielen.
- Wenn 2 Spieler sich begegnen, tauschen sie ihre Bälle aus.

Tigerball

Spielidee:
Alle Spieler haben einen Rollhockeyschläger. 5 Spieler bilden einen Kreis, 2 Spieler, die Tiger, stehen innerhalb dieses Kreises. Die Außenspieler passen sich den Ball oder Puck zu. Die Aufgabe der Tiger ist es, diesen Ball oder Puck mit dem Schläger zu berühren. Berührt ein Tiger den Ball, tauscht der Außenspieler, der zuletzt am Ball war, mit dem erfolgreichen Tiger die Position.

Spielerzahl:
ab 7, es kann auch 7:3 oder 6:4 gespielt werden

Material:
1 Hockeyschläger für jeden Spieler, 1 Hockeyball oder Puck, Inliner und Schutzausrüstung

Ort:
Sporthalle, Schulhof, oder Parkplatz

Zeit:
ab 10 Minuten

Variation:
Es darf nur mit 2 Kontakten gespielt werden.

3-Tore-Ball

Spielidee:
2 gekennzeichnete Mannschaften spielen gegeneinander auf 3 im Raum verteilte Hütchentore Rollhockey. Ziel ist es, die Tore so von einer Seite zu durchspielen, dass ein Mitspieler diesen Pass auf der anderen Seite annehmen kann. Fängt ein gegnerischer Spieler den Ball ab, so ist seine Mannschaft in Ballbesitz und versucht, Tore zu erzielen. Welche Mannschaft hat nach Ablauf der Spielzeit die meisten Tore erzielt?

Spielerzahl:
ab 10
Material:
Hockeyschläger und 6 Hütchen, Inliner und Schutzausrüstung für jeden Spieler
Ort:
Sporthalle, Schulhof, Parkplatz
Zeit:
ab 10 Minuten
Variation:
Es darf nicht zweimal durch dasselbe Tor gespielt werden.

Inline-Skaterhockey

Spielidee:
2 Mannschaften spielen gegeneinander Hockey. Als Bälle sollten Streethockey- oder Tennisbälle verwendet werden. Zunächst sollte aktiver Körperkontakt vermieden werden. Als Regeln sollte man zunächst folgendes festlegen:
- nicht im Liegen spielen
- nicht über Kniehöhe ausholen
- nicht hochspielen
- nicht den Schläger werfen
- nicht checken, schlagen, halten oder mit dem Schläger haken

Als Fahrtechnische Grundlagen sind Bremstechniken, Ausweichmanöver, schnelle Richtungswechsel und Kurvenfahren wichtig.

Spielerzahl:
ab 10
Material:
2 Tore, für jeden Spieler einen Eishockeyschläger und einen Streethockey- oder Tennisball, Inliner und Schutzausrüstung
Ort:
große Sporthalle, Parkplatz oder Schulhof
Zeit:
ab 15 Minuten
Variationen:
- 4:4 auf quer gestellte Matten, bei ungerader Zahl Spiel mit einem gekennzeichnetem Joker, der immer bei den Angreifern spielt, so dass diese immer in Überzahl sind.
- 5:5 auf 4 Hütchentore, Entweder verteidigen die Mannschaften 2 Tore auf einer Linie oder aber 2 diagonal gegenüberliegende Tore. Es gibt keinen festen Torwart.
- Die Tore können auch verteilt im Feld stehen.
- Ein Tor gilt nur als erzielt, wenn ein Spieler der eigenen Mannschaft einen durch ein Tor gespielten Pass annehmen kann.

Inline-Basketball

Spielidee:
2 gekennzeichnete Mannschaften spielen gegeneinander nach Basketballregeln auf 2 Körbe. Der Ball darf nicht länger als 5 Sekunden in der Hand gehalten werden. Mit dem Ball in der Hand muss gedribbelt und es darf nur noch passiv ausgerollt werden. Absichtlicher Körperkontakt, Schneiden, Block stellen oder Abdrängen ist nicht erlaubt und wird sofort mit Ballbesitz für den Gegner geahndet.

Spielerzahl:
ab 8

Material:
1 Basketball, 2 Basketballkörbe, Leibchen, Inliner und Schutzausrüstung

Ort:
Sporthalle oder Freiplatz

Zeit:
ab 10 Minuten

Felderwechsel

Spielidee:
4 Mannschaften spielen gegeneinander mit dem Ziel, so schnell wie möglich mit einem Hockeyschläger und Hockeyball in ein anderes Feld zu gelangen. Dazu werden im Viereck 4 Felder markiert. Jedes Feld erhält einen (Länder)Namen. Die Felder müssen genug Abstand zueinander haben. Alle Spieler führen den Ball in ihrem Feld durcheinander. Plötzlich ruft der Spielleiter 2 Ländernamen. Die Spieler, die sich in den genannten Ländern befinden, wechseln so schnell wie möglich mit Ball in das neue Land. Die Mannschaft, die zuerst komplett mit Ball im neuen Land ist, bekommt einen Punkt.

Spielerzahl:
ab 8

Material:
für jeden Spieler einen Hockeyschläger und -ball, Kreide zum Markieren der Länder, Inliner und Schutzausrüstung

Ort:
Schulhof, Parkplatz

Zeit:
ab 5 Minuten

Variationen:
- Ruft der Spielleiter „Wechsel", wechseln alle Mannschaften im Uhrzeigersinn in ein neues Land.
- Ruft der Spielleiter „diagonal", wechseln alle Mannschaften in das diagonal gegenüberliegende Land.
- Es kann ein Basketball gedribbelt werden.
- Es wird ohne Ball gespielt.

Dribbelkönig

Spielidee:
Alle Spieler bekommen einen Hockeyschläger und Hockeyball. Sie verteilen sich gleichmäßig hinter beiden Grundlinien. In der Mitte des Spielfeldes steht ein Spieler ohne Ball. Ziel der Spieler mit Ball ist es, die gegenüberliegende Grundlinie zu erreichen, ohne dass der Mittelspieler den Ball berührt oder herausspielt. Schafft ein Spieler dieses nicht, wird er auch „Mittelmann". Hinter den Grundlinien sind die Spieler in Sicherheit. Wer bleibt zum Schluss übrig und wird Dribbelkönig?

Spielerzahl:
ab 6

Material:
für jeden Spieler einen Hockeyschläger und -ball, Inliner und Schutzausrüstung

Ort:
Schulhof, Parkplatz

Zeit:
ab 5 Minuten

Variation:
Berührt der Mittelmann bei einem Spieler den Ball oder spielt ihn heraus, wechseln beide die Positionen.

Torlauf

Spielidee:
4 bis 6 Mannschaften spielen gegeneinander. Im Spielfeld werden 6 Hütchentore aufgebaut. Die Startspieler starten von einer gemeinsamen Startlinie. Ihre Aufgabe ist es, möglichst schnell einen Hockeyball in einer 8 um alle 6 Hütchentore zu führen. Anschließend schicken sie den nächsten Spieler ihrer Mannschaft durch Abschlagen ins Rennen. Die Spieler können entscheiden, in welcher Reihenfolge sie die Hütchentore ansteuern. Welche Mannschaft ist zuerst fertig?

Spielerzahl:
ab 8

Material:
12 Hütchen, Inliner und Schutzausrüstung, einen Hockeyschläger und -ball für jeden Spieler

Ort:
Sporthalle, Parkplatz oder Schulhof

Zeit:
ab 3 Minuten

Variation:
Jeder Spieler muss dreimal fahren.

Inline-Brennball

Spielidee:
2 Mannschaften spielen gegeneinander Brennball. Sowohl die Lauf- als auch die Feldmannschaft spielt mit Inlinern, der Abstand der Male wird vergrößert.
Die Feldmannschaft muss nach jedem gespielten Ball den Brennmeister wechseln.

Spielerzahl:
ab 14

Material:
Reifen oder Matten als Male, Frisbee, Bälle, 1 Brennmal, Inliner und Schutzausrüstung

Ort:
Sporthalle, Schulhof oder Parkplatz

Zeit:
ab 15 Minuten

Variationen:
- 1 Spieler bringt den Ball ins Spiel, immer 3 Spieler fahren einzeln los.
- Als Brennmal werden Basketballkorb und Basketballbrett festgelegt. Wird der Ball gegen das Brett gespielt, ist der Durchgang beendet. Wird ein Korb erzielt, sind alle Spieler, die an irgendeiner Stelle des Parcours sind, auch an einem Mal, verbrannt.
- Es fahren sowohl in der Feld- als auch in der Läufermannschaft immer Paare.
- Es wird ein Hindernisparcours aufgebaut mit Slalomfahren, rückwärts fahren und Hindernissen.
- 3-Bälle Brennball: 3 Spieler bringen 3 verschiedene Bälle ins Feld, z.B. Football, Fußball und Basketball. Für jeden Ball gibt es ein eigenes Ziel. Erst wenn der letzte Ball in seinem Ziel ist, ruft der Brennmeister „verbrannt".
- Mattenbrennball: 4 Spieler fahren mit einer Matte um das Spielfeld. Diese Matte ist das Freimal. Droht das Verbrennen, müssen alle 4 Spieler die Matte auf den Boden legen und sich komplett darauf stellen.

Inline-Ultimate

Spielidee:
2 Mannschaften mit 6 bis 8 gekennzeichneten Spielern spielen gegeneinander auf einem großen Spielfeld. Einen Punkt können die Mannschaften erzielen, wenn es ihnen gelingt, die Frisbeescheibe in der gegnerischen Endzone zu fangen. Mit der Scheibe in der Hand darf nicht aktiv gefahren werden, sondern lediglich nach dem Fangen passiv ausgerollt werden. Zum Scheibenbesitzer muss Abstand gehalten werden, es darf keinen Körperkontakt geben. Fängt der Gegner die Scheibe, darf er sofort weiter spielen. Landet die Frisbeescheibe auf dem Boden, kommt die gegnerische Mannschaft in Scheibenbesitz. Wer nach Ablauf der Spielzeit die meisten Punkte (Touchdowns) hat, ist Sieger.

Spielerzahl:
ab 8

Material:
Frisbeescheiben oder Bälle, Leibchen, Inliner und Schutzausrüstung

Ort:
Sporthalle, Schulhof

Zeit:
ab 10 Minuten

Rennen

Wichtig ist es, bei allen Rennen genug Auslauf und Platz zum Nebenmann zu haben.

6-Tage-Rennen

Spielidee:
2 unterschiedlich gekennzeichnete Mannschaften mit mindestens 10 Spielern fahren gegeneinander. Alle 4 Ecken des Spielfeldes werden von beiden Mannschaften gleichmäßig besetzt. Die wartenden Spieler befinden sich innerhalb des Feldes, gefahren wird außen herum. Nur der jeweils nächste Starter darf die Rennstrecke kurz vor dem Wechsel befahren. Die Startfahrer beider Mannschaften befinden sich diagonal gegenüber. Jeder Fahrer fährt so schnell es geht zur nächsten Ecke und schlägt dort den wartenden Mannschaftskollegen ab. Das Rennen ist beendet, wenn eine Mannschaft eingeholt wird oder ein Schlusssignal ertönt. Sieger ist die Mannschaft, die mehr gefahren ist.

Spielerzahl:
ab 10
Material:
Markierungshütchen für die Ecken und den Parcours, Leibchen, Inliner und Schutzausrüstung
Ort:
Sporthalle, Schulhof
Zeit:
ab 5 Minuten

Verfolgungsrennen

Spielidee:
2 Mannschaften fahren gegeneinander im Kreis. 2 Startfahrer starten auf den gegenüberliegenden Geraden genau gegenüber auf Höhe der Mittellinie. Jeder Fahrer fährt eine Runde und schlägt dann den nächsten Fahrer seiner Mannschaft ab oder übergibt ihm einen Staffelstab. Wartende Fahrer befinden sich innerhalb des Feldes, nicht auf der Strecke. Wer schafft es, die andere Mannschaft einzuholen oder wer liegt nach einer bestimmten Rundenzahl oder Ablauf der Zeit in Führung?

Spielerzahl:
ab 4

Material:
Inliner und Schutzausrüstung für jeden Spieler

Ort:
Sporthalle, Schulhof

Zeit:
ab 5 Minuten

Variation:
2 Gruppen oder Paare fahren gemeinsam mit Handfassung, an einem Seil oder hintereinander gegeneinander, gestartet wird an 2 gegenüber liegenden Punkten. Es wird nicht gewechselt. Wer liegt nach einer vorgegebenen Rundenzahl in Führung?

Gruppensprint

Spielidee:
4 bis 6 Fahrer sprinten gegeneinander eine – je nach Platzangebot- festgelegte Strecke. Die ersten beiden Fahrer kommen in die nächste Runde, die letzten Fahrer in den Hoffnungslauf.

Spielerzahl:
ab 10

Material:
Inliner und Schutzausrüstung für jeden Spieler

Ort:
breiter Radweg, Schulhof, Parkplatz

Zeit:
ab 5 Minuten

Punkterennen

Spielidee:
Es wird ein Rennen gefahren über beispielsweise 20 Runden mit Zwischensprints nach jeweils 4 Runden. Der erste Fahrer bekommt bei jeder Wertung 5 Punkte, der zweite 3, der dritte 2 und der vierte einen Punkt. Wer hat am Ende die meisten Punkte?

Spielerzahl:
ab 6

Material:
Inliner und Schutzausrüstung für jeden Spieler

Ort:
Sporthalle, Schulhof

Zeit:
ab 5 Minuten, abhängig von der gewählten Rundenzahl

Variation:
Bei Halbzeit und am Schluss zählen die Punkte doppelt.

Einholen

Spielidee:
Gestartet wird auf einem Rundkurs im Abstand von 10 bis 20 Sekunden. Ziel ist es, den Vordermann einzuholen. Gelingt dieses, wird der Vordermann abgeklatscht und scheidet aus. Wie viele Fahrer sind nach 5 oder 10 Minuten noch dabei?

Spielerzahl:
ab 6

Material:
Inliner und Schutzausrüstung für jeden Spieler

Ort:
Sporthalle, Schulhof

Zeit:
ab 5 Minuten

Variation:
Australische Verfolgung: 6 Fahrer verteilen sich gleichmäßig auf einem Rundkurs. Auf ein Startkommando starten alle Fahrer gleichzeitig. Wer von seinem Hintermann eingeholt wird, scheidet aus.

Ausscheidungsrennen

Spielidee:
Alle Spieler starten gemeinsam in einen Rundkurs, nach jeder Runde scheidet der letzte Fahrer aus.

Spielerzahl:
ab 4

Material:
Inliner und Schutzausrüstung für jeden Spieler

Ort:
Sporthalle, Schulhof

Zeit:
ab 5 Minuten

Variationen:
- Immer nach 2 - 5 Runden scheidet der letzte Fahrer aus.
- Wer als letzter die Ziellinie überquert, bekommt einen Strafpunkt, darf aber weiter fahren. Erst bei 3 - 5 Strafpunkten scheidet man aus.

Massenstart

Spielidee:
Alle Spieler stehen hinter der Startlinie und starten gleichzeitig. Wer erreicht zuerst das Ziel?
Wichtig: Die Strecke muss breit genug sein, so dass alle Spieler genügend Platz haben!

Spielerzahl:
ab 4

Material:
Inliner und Schutzausrüstung für jeden Spieler

Ort:
Parkplatz, breiter Radweg, Schulhof

Zeit:
ab 3 Minuten

Variationen:
- Veränderte Ausgangsstellung: Bauchlage, Rückenlagen, Sitzen, Hocke
- Veränderte Fahrweise: rückwärts, Sanduhr, parallel, Slalom kreuzen

Team-Rennen

Spielidee:
Wie beim Sechs-Tage-Rennen fahren mehrere Zweier-Mannschaften auf einem Rundkurs. Immer nur ein Fahrer jedes Teams befindet sich aktiv auf der Strecke. Der erste Fahrer fährt langsam neutralisiert so lange weiter, bis sein Partner ihn wieder ablöst und aktiviert. Gewechselt wird durch Abschlagen oder „Schleudern". Welches Paar schafft in einer vorgegebenen Zeit die meisten Runden?

Spielerzahl:
ab 4

Material:
Hütchen zur Markierung des Parcours, Inliner und Schutzausrüstung für jeden Spieler

Ort:
Parkplatz, Schulhof

Zeit:
ab 10 Minuten

Hasenjagd

Spielidee:
Ein Hase fährt alleine gegen alle Jäger um das Spielfeld herum. Die Jäger können so viele Wechselstationen einrichten wie sie möchten und schicken dort jeweils einen neuen Fahrer auf die Jagd. Wie viele Stationen schafft der Hase, bevor er eingeholt wird? Der Hase startet zuerst, im Abstand von 1, 2 oder 3 Sekunden startet der erste Jäger. Anschließend wird ein neuer Spieler Hase.

Spielerzahl:
ab 5 Spieler

Material:
Inliner und Schutzausrüstung für jeden Spieler

Ort:
Sporthalle, Schulhof, Parkplatz

Zeit:
ab 5 Minuten

Nummernwettlauf

Spielidee:
Es werden 3er- bis 7er-Mannschaften gebildet und durchnummeriert, die sich jeweils entweder an den Ecken eines rechteckigen Spielfeldes auf eine Matte stellen oder sich bei mehr als 4 Mannschaften kreisförmig anordnen. Der Spielleiter ruft eine Nummer, alle Spieler mit der entsprechenden Nummer umrunden das Spielfeld und versuchen, so schnell wie möglich wieder auf ihrer Matte zu stehen. Wer als erster ankommt, bekommt einen Punkt für sein Team. Die Mannschaft mit der höchsten Gesamtpunktzahl ist am Ende Sieger.

Spielerzahl:
ab 12

Material:
für jede Mannschaft eine Matte, im Freien Kreidemarkierungen statt Matten, Inliner und Schutzausrüstung für jeden Spieler

Ort:
Sporthalle, Parkplatz, Schulhof

Zeit:
ab 10 Minuten

Variationen:
- Der Spielleiter ruft eine Doppelnummer, z.B. 32, oder „alle Zahlen von 2 bis 5", „alle" oder er stellt eine Rechenaufgabe.
- Die Fahrweise wird vorgegeben: rückwärts, Sanduhr, parallel, Slalom kreuzen.
- Es werden Hindernisse aufgebaut oder ein Slalomparcours

Mannschafts-Rundenwettlauf

Spielidee:
2 Mannschaften mit 4 bis 6 Spielern fahren gegeneinander im Kreis. Sie starten an 2 genau gegenüberliegenden Punkten. Ziel ist es, die gegnerische Mannschaft einzuholen oder nach einer vorgegebenen Rundenzahl zuerst die eigene Ziellinie zu überfahren. Alle Fahrer einer Mannschaft fahren nebeneinander und müssen sich festhalten (Handfassung). Die schnelleren Fahrer sollten außen fahren, die langsameren innen, weil der Weg dort kürzer ist. Reißt die Kette, gewinnt der Gegner.

Spielerzahl:
ab 8

Material:
Inliner und Schutzausrüstung für jeden Spieler

Ort:
Sporthalle, Schulhof, Parkplatz

Zeit:
ab 3 Minuten

Fangspiele

Klassisches Fangen

Spielidee:
Es gibt einen oder mehrere gekennzeichnete Fänger. Alle anderen Spieler fahren in einem markierten Feld auf dem Schulhof oder in der Halle. Wer gefangen wird, wird zum neuen Fänger und bekommt die Kennung. Ein direkter Rückschlag ist nicht erlaubt.
Spielt man draußen, gilt, dass ein Spieler, der das Feld verlässt, auch Fänger wird.

Spielerzahl:
ab 4
Material:
Mannschaftsbänder, Inliner und Schutzausrüstung für jeden Spieler
Ort:
Halle, Schulhof oder Parkplatz
Zeit:
ab 3 Minuten
Variation:
Zunächst gibt es nur einen gekennzeichneten Fänger. Wer gefangen wird, holt sich aus dem Depot oder bekommt vom Spielleiter ein Mannschaftsband und wird ein zusätzlicher Fänger. Wer bleibt am Schluss noch übrig?
Dieser Spieler wird im nächsten Durchgang neuer Fänger.

Paar-Fangen

Spielidee:
Alle Spieler bilden durch Handfassung Paare. 2 bis 5 Paare werden als Fänger gekennzeichnet. Paare, die gefangen werden (es reicht, einen der beiden Partner zu berühren), übernehmen die Kennzeichnung und werden neue Fänger.

Spielerzahl:
ab 12
Material:
Mannschaftsbänder, Inliner und Schutzausrüstung für jeden Spieler
Ort:
Sporthalle, Schulhof, Parkplatz
Zeit:
ab 5 Minuten
Variationen:
- Gefangene Paare werden zusätzliche Fänger. Welches Paar bleibt bis zum Schuss übrig?
- Wer gefangen wurde, bildet ein „Tor". Befreit werden kann ein Paar, wenn ein anderes Paar durch dieses „Tor" fährt.

Farben-Fangen

Spielidee:
Der Spielleiter verteilt Mannschaftsbändchen oder Markierungsleibchen an alle Spieler in 3 bis 4 verschiedenen Farben. Alle Spieler fahren so lange frei im Spielfeld umher, bis der Spielleiter eine Farbe ruft. Alle Spieler mit der entsprechenden farblichen Markierung werden Fänger und versuchen so lange, möglichst viele Spieler zu fangen, bis der Spielleiter eine neue Farbe ruft.
Wer gefangen wurde, bleibt am Ort stehen und hebt die Hände. Wird er einmal von einem Mitspieler ganz umrundet oder frei geschlagen, darf er weiter spielen.

Spielerzahl:
ab 12

Material:
für jeden Spieler 1 Mannschaftsband oder Leibchen, Inliner und Schutzausrüstung

Ort:
Sporthalle, Schulhof, Parkplatz

Zeit:
ab 5 Minuten

Kettenfangen

Spielidee:
Zu Beginn des Spiels gibt es einen Fänger. Sobald es ihm gelingt, einen Spieler abzuschlagen, bilden beide mit Handfassung ein Paar und versuchen so, weitere Spieler abzuschlagen. Diese schließen sich dann der Kette an. Nur die äußeren Kettenglieder dürfen abschlagen. Wenn die Kette reißt, darf nicht abgeschlagen werden. Wer zum Schluss übrig bleibt, ist Sieger.

Spielerzahl:
ab 10

Material:
Inliner und Schutzausrüstung für jeden Spieler

Ort:
Sporthalle, Schulhof, Parkplatz

Zeit:
ab 5 Minuten

Variationen:
- Sobald eine Kette aus 4 Spielern besteht, teilt sie sich in 2 einzelne Paare.
- Zu Beginn des Spiels beginnen 2 Fänger gleichzeitig. Wer hat am Spielende die längste Kette?
- Die Kettenglieder fassen sich nicht an, sondern haken sich ein.

Schwarz-Weiß

Spielidee:
Immer 2 Spieler stellen sich in Gassenaufstellung so gegenüber auf, dass sich ihre Fingerspitzen bei ausgestreckten Armen berühren. Eine Seite ist schwarz, die andere weiß. Ruft der Spielleiter das Kommando „schwarz", flüchten alle Spieler der schwarzen Mannschaft schnell über eine Linie vor ihrer Hallenwand, um nicht von den „Weißen" gefangen (berührt) zu werden. Jede Gefangennahme gibt einen Punkt für den Fänger oder der Gefangene wechselt in die gegnerische Gruppe und wechselt die Farbe.

Spielerzahl:
ab 8

Material:
Inliner und Schutzausrüstung für jeden Spieler

Ort:
Sporthalle, Schulhof, Parkplatz (draußen wird die Wand durch eine Linie ersetzt)

Zeit:
ab 5 Minuten

Variationen:
- Gerade und ungerade: Der Spielleiter stellt Rechenaufgaben und das Ergebnis entscheidet, wer Fänger und wer Gejagter wird.
- Schnick-Schnack-Schnuck: Jedes sich gegenüberstehende Paar spielt für sich, der Sieger fängt, der Verlierer flüchtet.
- Die Startposition verändern: mit dem Rücken zum Gegner, sitzen oder liegen
- Der Spielleiter erzählt eine Geschichte, in der die Worte „schwarz" und weiß" vorkommen. Fällt der entsprechende Begriff, flüchtet die genannte Seite.
- Für jede falsche Reaktion gibt es einen Minuspunkt.
- Es wird ohne Punkte gespielt.

Nummernfangen

Spielidee:
Alle Spieler bilden Dreiergruppen, geben sich Nummern von 1 bis 3 und fahren frei im Feld umher. Der Spielleiter ruft zweistellige Zahlen aus den Ziffern 1, 2 und 3. 12 oder 21 bedeutet, dass die Nummern 1 und 2 den Spieler 3 ihrer Gruppe fangen müssen, bei 31 oder 13 wird die Nummer 2 gejagt.
Wichtig: Es muss genug Platz vorhanden sein.

Spielerzahl:
ab 9

Material:
Inliner und Schutzausrüstung für jeden Spieler

Ort:
große Sporthalle, Schulhof, Parkplatz

Zeit:
ab 3 Minuten

Stabübergabe

Spielidee:
2 bis 4 Spieler sind gekennzeichnete Fänger. In Abhängigkeit von der Spielerzahl bekommen 3 bis 6 Gejagte einen Gymnastikstab, Staffelstab oder eine zusammengerollte Zeitung. Nur diese derartig gekennzeichneten Spieler dürfen abgeschlagen werden. Allerdings ist es erlaubt, den Stab an einen anderen Gejagten weiter zu geben, der ihn auch sofort annehmen muss. Wer gefangen wurde, muss eine Sonderaufgabe erfüllen, wie beispielsweise einmal um das Spielfeld fahren, und darf anschließend als Gejagter weiter spielen. Auf Kommando des Spielleiters wechseln die Fänger.

Spielerzahl:
ab 15
Material:
3 bis 6 Gymnastikstäbe, Staffelstäbe oder zusammengerollte Zeitungen, Inliner und Schutzausrüstung für jeden Spieler
Ort:
große Sporthalle, Schulhof, Parkplatz
Zeit:
ab 5 Minuten

Schreifangen

Spielidee:
2 Mannschaften spielen gegeneinander. Die Fänger sitzen am Spielfeldrand auf einer Bank, die Gejagten fahren im Feld umher. Der erste Fänger fährt ins Spielfeld und versucht, so viele Gejagte wie möglich abzuschlagen. Er darf jedoch nur so lange fangen, wie er dabei laut schreit. Hat er keine Luft mehr, schickt er durch Abschlagen den nächsten Fänger ins Feld. Abgeschlagene Spieler dürfen weiter spielen, allerdings darf der Fänger nicht zweimal hintereinander denselben Spieler abschlagen. Der Spielleiter zählt die abgeschlagenen Spieler. Wenn der letzte Fänger an der Reihe war, werden die Rollen gewechselt. Welche Mannschaft hat mehr Spieler gefangen?

Spielerzahl:
ab 10
Material:
Inliner und Schutzausrüstung für jeden Spieler
Ort:
Sporthalle, Schulhof, Parkplatz
Zeit:
ab 5 Minuten
Variation:
Wer gefangen wurde, setzt sich auf eine Bank. Wie lange dauert es, bis alle Spieler sitzen?

Zugfangen

Spielidee:
Die Spieler bilden Dreiergruppen, halten sich an den Schultern oder Hüften des Vordermanns fest und fahren als Züge im Feld umher. Ein einzelner Spieler ist Fänger, ein anderer Gejagter. Der Gejagte kann sich vor dem Fänger retten, indem er sich hinten an einen fahrenden Zug anhängt. Daraufhin wird die „Lok" dieses Zuges neuer Fänger und der bisherige Fänger Gejagter.

Spielerzahl:
ab 16
Material:
Inliner und Schutzausrüstung für jeden Spieler
Ort:
Sporthalle, Schulhof, Parkplatz
Zeit:
ab 5 Minuten

Schmuggler

Spielidee:
3 bis 4 Spieler sind Zöllner (Fänger), alle anderen Spieler sind Schmuggler und damit Gejagte. Ziel des Spiels ist es, möglichst viel Schmuggelware über die Grenze in das eigene Land zu schmuggeln, ohne von den Zöllnern gefangen zu werden. An einer Stirnseite der Halle befindet sich verteilt in 3 kleinen Kästen Schmuggelware, beispielsweise 100 Bierdeckel oder Tennisbälle. Auf der anderen Stirnseite ist das Schmugglerlager, 3 leere umgedrehte kleine Kästen. Die Schmuggler versuchen, auf die andere Seite zu gelangen, einen Bierdeckel zu holen und diesen in ihr Lager zu bringen, ohne von den Zöllnern gefangen zu werden. Die Zöllner dürfen sich frei im Feld bewegen, lediglich vor der Schmuggelware ist eine ca. 4 bis 5m große Zone, die sie nicht betreten dürfen. Fängt ein Zöllner einen Schmuggler ohne Ware, schickt er ihn zurück in sein Lager. Fängt er einen Schmuggler mit Ware, muss er diese zunächst zurück bringen und anschließend mit erhobenen Händen in sein Lager zurück fahren. Dort startet er wieder neu.
Wichtig: Es darf immer nur ein Gegenstand geschmuggelt werden. Die Schmuggler haben 10 Minuten Zeit, ihren Auftrag zu erledigen.

Spielerzahl:
ab 12
Material:
100 Bierdeckel oder Tennisbälle, 6 kleine Kästen, Inliner und Schutzausrüstung für jeden Spieler
Ort:
Sporthalle, Schulhof oder Parkplatz
Zeit:
ab 10 Minuten
Variation:
Auf jeder Stirnseite befindet sich die Hälfte der Schmuggelware. 2 Schmugglerbanden spielen gegeneinander. Eine Mannschaft schmuggelt von rechts nach links, die andere in die umgekehrte Richtung. Welche Mannschaft schmuggelt in 10 Minuten mehr Ware?

Dreier fangen Zweier

Spielidee:
Es werden Zweiergruppen gebildet, die Gejagten, und 2 bis 4 Dreiergruppen, die Fänger. Alle Spieler fahren mit Handfassung Die „Außenfahrer" der Fänger versuchen, einen Gejagten zu berühren. Gelingt ihnen dieses, tauschen Abschläger und Abgeschlagener die Rollen. Der Gefangene wird allerdings immer neuer Mittelfahrer der Dreiergruppe.

Spielerzahl:
ab 20
Material:
Inliner und Schutzausrüstung für jeden Spieler
Ort:
Sporthalle, Schulhof, Parkplatz
Zeit:
ab 10 Minute

Wer ist Fänger?

Spielidee:
Alle Spieler fahren im Feld umher. Der Spielleiter ruft ein bestimmtes Merkmal wie „rote Hose", „schwarze Schuhe", „Brille" oder „weiblich". Alle Fahrer, auf die dieses Merkmal zutrifft, werden Fänger. Abgeschlagene Fahrer fahren eine Strafrunde. Schaffen es die Fänger, alle Spieler auf die Strafrunde zu schicken? Nach einer bestimmten Zeit, z.B. 30 Sekunden, ruft der Spielleiter ein neues Merkmal.

Spielerzahl:
ab 16
Material:
Inliner und Schutzausrüstung für jeden Spieler
Ort:
Sporthalle, Schulhof, Parkplatz
Zeit:
ab 5 Minuten
Variation:
Der Spielleiter ruft 2 oder 3 Merkmale.

Katz und Maus

Spielidee:
10 Fahrer oder mehr bilden einen Kreis mit Handfassung. Ein Fahrer des Kreises wird zum Gejagten, der Maus, ernannt. Ein Fänger, die Katze, fährt außerhalb des Kreises und versucht, den Gejagten abzuschlagen. Der Kreis muss durch geschickte Richtungsänderungen die Maus schützen.

Spielerzahl:
ab 11
Material:
Inliner und Schutzausrüstung für jeden Spieler
Ort:
Sporthalle, Schulhof, Parkplatz
Zeit:
ab 5 Minuten

Hund und Knochen

Spielidee:
Es werden 2 gleichstarke Mannschaften gebildet, die sich im Abstand von 20m bis 50m gegenüberstehen. Alle Spieler werden nummeriert. In der Mitte zwischen den Linien stehen – je nach Spielerzahl – eine oder mehrere Keulen, die Hundeknochen. Der Spielleiter ruft eine oder bei mehreren Knochen ebenso viele Nummern. Die Spieler mit dieser oder diesen Nummern versuchen, einen Knochen in ihren Besitz zu bringen und zu ihrer Mannschaft zurück zu bringen, ohne von einem Spieler ohne Knochen abgeschlagen zu werden. Gefangen werden kann nur derjenige, der im Besitz eines Knochens ist. Die erfolgreichen Fänger bekommen einen Pluspunkt und jede ins Ziel gebrachte Keule gibt einen Pluspunkt. Welche Mannschaft hat am Spielende die meisten Punkte?

Spielerzahl:
ab 10
Material:
eine oder mehrere Keulen, Inliner und Schutzausrüstung für jeden Spieler
Ort:
Sporthalle, Schulhof, Parkplatz
Zeit:
ab 5 Minuten

Zauberer

Spielidee:
2 bis 5 gekennzeichnete, feste Zauberer, die Fänger, versuchen, die Gejagten durch Abschlagen zu versteinern. Versteinerte Spieler warten mit erhobenen Händen darauf, von einem Mitspieler berührt und dadurch erlöst zu werden. Sie dürfen dann als Gejagte weiter spielen. Schaffen es die Zauberer, alle Spieler zu verzaubern?
Nach 2 bis 3 Minuten übergeben die Zauberer ihr Mannschaftsband an neue Zauberer.

Spielerzahl:
ab 10
Material:
Inliner und Schutzausrüstung für jeden Spieler
Ort:
Sporthalle, Parkplatz, Schulhof
Zeit:
ab 5 Minuten
Variationen:
- Befreien durch richtiges Fallen auf Knie, Ellbogen und Handgelenke vor der verzauberten Person
- Befreien durch eine vollständige Umrundung des Gefangenen
- Selbstbefreiung, indem der Gefangene einmal das Spielfeld umrundet
- Selbstbefreiung durch Freiwürfeln: Wer gefangen wurde, setzt sich auf eine von 3 Bänken und würfelt. Fällt eine „6", spielt er als Gejagter weiter
- Selbstbefreiung durch Freiwerfen: Alle Spieler dribbeln während der Fahrt einen Basketball. Wer gefangen wurde, fährt dribbelnd zum gegenüberliegenden Basketballkorb und wirft. Sobald er einen Korb erzielt, darf er als Gejagter weiter spielen

Kreisfangen

Spielidee:
Es gibt einen Innenkreis aus Fängern und einen Außenkreis aus Gejagten. Jeder Spieler des Innenkreises hat einen Gegenüber im Außenkreis. Bei Spielbeginn fahren beide Kreise mit oder ohne Handfassung in entgegengesetzte Richtungen im Kreis herum. Auf Kommando des Spielleiters lösen sich die Kreise auf und die Fänger versuchen, ihre fliehenden Partner zu fangen.
Achtung: Es muss genügend Platz vorhanden sein!

Spielerzahl:
ab 12
Material:
Inliner und Schutzausrüstung für jeden Spieler
Ort:
Schulhof, Parkplatz
Zeit:
ab 5 Minuten

Komm mit – lauf weg

Spielidee:
Es werden 4er- bis 6er-Gruppen gebildet, die sich sternförmig aufstellen. Ein Spieler, der Gejagte, fährt um den Stern herum, tippt einen der Gruppenletzten an und ruft entweder „kommt mit" oder „lauft weg". Bei dem Kommando „kommt mit" fährt die ganze angetippte Gruppe hinterher. Wer als letzter wieder die Ausgangsposition erreicht, wird neuer Gejagter. Beim Kommando „lauft weg" fährt die angetippte Gruppe in die entgegengesetzte Richtung.
Wird der Gejagte gefangen, bekommt er einen Minuspunkt und muss erneut um den Stern fahren.

Spielerzahl:
ab 18
Material:
Inliner und Schutzausrüstung für jeden Spieler
Ort:
Sporthalle, Schulhof, Parkplatz
Zeit:
ab 5 Minuten
Variation:
- Alle Spieler fahren rückwärts.
- Bei kleineren Gruppen stehen alle Spieler im Kreis. Der Gejagte fährt um den Kreis, tippt einen Spieler an und ruft entweder „komm mit" oder „lauf weg".

Schwarzer Peter

Spielidee:
2 bis 4 Spieler bekommen einen Ball. Sie versuchen, einen anderen Spieler ohne Ball abzuschlagen. Gelingt dieses, bekommt der Abgeschlagene den Ball und wird neuer Fänger. Der Spielleiter pfeift zwischendurch immer wieder. Wer in diesem Augenblick keinen Ball hat, bekommt einen Punkt. Wer hat am Ende die meisten Punkte?

Spielerzahl:
ab 10
Material:
für jeden Spieler Inliner, 2 - 4 Bälle
Ort:
Sporthalle, Schulhof, Parkplatz
Zeit:
ab 5 Minuten

Drachenschwänze

Spielidee:
Jeder Fahrer bekommt ein Mannschaftsband, das er sich so hinten in die Hose steckt, dass es gut zu sehen ist. Ziel jedes Spielers ist es, möglichst viele Schwänzchen der Gegenspieler zu erbeuten und sein eigenes zu sichern. Hat man ein Schwänzchen erbeutet, fährt man kurz aus dem Spielfeld, steckt sich auch das erbeutete Stück gut sichtbar in die Hose und jagt anschließend weiter. Wer nach einer vorgegebenen Zeit die meisten Schwänzchen erbeutet hat, ist Sieger.

Spielerzahl:
ab 10

Material:
für jeden Spieler ein Mannschaftsband, Inliner und Schutzausrüstung für jeden Spieler

Ort:
Sporthalle, Schulhof, Parkplatz

Zeit:
ab 5 Minuten

Variationen:
- Alle Spieler dribbeln oder führen während des Spiels einen Ball.
- Wäscheklammern anheften: Jeder Spieler hat bei Spielbeginn 2 Wäscheklammern. Diese gilt es, anderen Fahrern an die Kleidung zu klammern. Einmal angeheftete Klammern dürfen nicht mehr abgenommen werden. Wer 2 Klammern „losgeworden" ist, darf sich beim Spielleiter 2 neue Klammern holen. Welcher Spieler hat am Ende die wenigsten Klammern?

Hase im Kohl

Spielidee:
Zunächst werden immer Pärchen gebildet, die sich im Spielfeld verteilt aufstellen. Ein Pärchen wird aufgelöst als Katze und Maus. Bei Spielbeginn versucht die Katze, die Maus zu fangen. Diese kann sich retten, indem sie sich neben ein Pärchen stellt. Jetzt werden die Rollen getauscht: Der Spieler auf der anderen Seite dieses Pärchens wird neue Katze und die ehemalige Katze wird zur neuen Maus. Gelingt es einer Katze, eine Maus zu fangen, werden sofort die Rollen getauscht und das Spiel geht weiter.

Spielerzahl:
ab 12

Material:
Inliner und Schutzausrüstung für jeden Spieler

Ort:
Schulhof, Parkplatz

Zeit:
ab 5 Minuten

Bäumchen, Bäumchen wechsle dich

Spielidee:
Im Spielfeld werden Reifen verteilt, ein Reifen weniger als Spieler. Alle Spieler fahren umher. Auf Kommando des Spielleiters ist es das Ziel jedes einzelnen Spielers, so schnell wie möglich in einem freien Reifen zu stoppen. Wer keinen Reifen besetzen kann, bekommt einen Minuspunkt.

Spielerzahl:
ab 6

Material:
für jeden Spieler einen Reifen, Inliner und Schutzausrüstung

Ort:
Sporthalle, Schulhof, Parkplatz

Zeit:
ab 5 Minuten

Variationen:
- Jeder Spieler steht zu Beginn des Spiels in einem Reifen, der in der Hallenmitte oder Spielfeldmitte liegt. Auf Kommando des Spielleiters fahren alle Spieler so schnell wie möglich zu einer Stirnseite oder zu einer bestimmten Markierung außerhalb des Spielfeldes. In der Zwischenzeit entfernt der Spielleiter einen oder mehrere Reifen. Ziel ist es, wieder einen Reifen zu besetzen.
- Zu Musik fahren: Geht die Musik aus, schnell einen Reifen besetzen.

Fischer, Fischer wie tief ist das Wasser?

Spielidee:
Ein Spieler, der Fischer, steht auf einer Stirnseite des Feldes, alle anderen Fahrer, die Gejagten, befinden sich auf der gegenüberliegenden Stirnseite. Sie rufen: „Fischer, Fischer, wie tief ist das Wasser?" Dieser antwortet: „5, 10 oder 20 Meter tief." Die Gejagten fragen: „Wie kommen wir da herüber?" Der Fischer gibt nun die Fortbewegungsart vor: vorwärts, rückwärts, parallel, Slalom mit Kreuzen oder Sanduhr. Alle Spieler müssen in der angegebenen Fahrweise auf die andere Seite fahren, ohne vom Fischer berührt zu werden, der mit derselben Technik fahren muss. Wer gefangen wurde, wird im nächsten Durchgang zusätzlicher Fischer. Wer bleibt am Ende noch übrig?
Achtung: Auf den Auslauf achten!

Spielerzahl:
ab 12

Material:
Inliner und Schutzausrüstung für jeden Spieler

Ort:
Sporthalle, Schulhof, Parkplatz

Zeit:
ab 5 Minuten

Variation:
Fischer, Fischer, welche Fahne weht heute?
Die Gruppe ruft: „Fischer, Fischer, welche Fahne weht heut?", Der Fischer antwortet: „Die rote, blaue, gelbe, gestreifte..." Das bedeutet, dass in dem folgenden Durchgang nur Spieler gefangen werden dürfen, deren T-Shirt oder Hose nicht die genannte Farbe hat.

Skateboard

Skateboardfahren stellt extrem hohe Anforderungen an die Feinkoordination und besitzt einen hohen Aufforderungscharakter. Es muss eine große Übereinstimmung von Bewegungen und Kräften geben, will man Stürze vermeiden. Die Technik des Kurvenfahrens ähnelt stark der Technik beim Snowboardfahren oder Surfen. Es ist ein Schwingen, d.h. ein rundes Fahren von Kurven mit exakten Richtungsänderungen. Durch eine Druckausübung auf die Fußballen oder Hacke, also eine Gewichtsverlagerung auf die Innen- oder Außenseite, wird das Board gelenkt. Es gilt, in jeder Situation das Gleichgewicht zu halten und in einen Rhythmus zu kommen.

Will man Skateboards in Sporthallen einsetzen, muss geklärt werden, ob der Hallenboden flächenelastisch oder punktelastisch ist. Flächenelastischer Boden ist geeignet. Parkettboden ist eher ungeeignet, weil er zu leicht verkratzt und beschädigt wird. Die Rollen der Skateboards dürfen nicht abfärben, Bremsen durch Druck auf den Boden mit einem hoch gekippten Deck und Sprünge sollte verboten werden. Im Straßenverkehr unterliegen Skateboarder den Vorschriften, die für Fußgänger gelten, sie dürfen also nur Gehwege benutzen, keine Straßen oder Radwege. Anfänger, Neueinsteiger und Fahrer in Halfpipes sollten auf jeden Fall eine komplette Schutzausrüstung tragen, die zusätzlich auch ein Gefühl der Sicherheit gibt und Mut macht. Sie besteht aus Ellbogenschonern, Knieschonern, Handgelenkschonern und einem Helm. Alles sollte die richtige Größe haben und muss gut sitzen. Um sich und andere nicht zu gefährden, ist es wichtig, sowohl sein eigenes Können und seine Geschwindigkeit als auch das Können und die Geschwindigkeit der anderen Fahrer einzuschätzen.

Ein Skateboard ist ein meist siebenschichtiges, aus kanadischen oder baltischen Hölzern bestehendes Brett oder Deck, das etwa 80 cm lang und 20 cm breit ist. Auf die obere Trittfläche wird zum besseren Halt des Fahrers ein rutschfestes Schleifpapier, das griptape, geklebt. An die Unterseite sind zwei Achsen geschraubt. Der untere Teil ist mit vier Schrauben am Deck befestigt, am oberen Teil befinden sich zwei kugelgelagerte Rollen aus Hartgummi. Beide Teile werden durch zwei Lenkgummis und eine Hauptschraube verbunden. Durch die beweglich um einen Kipppunkt gelagerten Achsen kann das Skateboard durch Gewichtsverlagerungen gelenkt werden. Vorne und hinten sind die Skateboards nach oben gebogen. Der vordere Teil heißt nose, der hintere tail. Kugellager sind in unterschiedlicher Qualität erhältlich. Die Präzision der Lager wird in „ABEC" angegeben. Völlig ausreichend ist ABEC 3, sehr gut ABEC 5 oder 7. Rollen gibt es in unterschiedlicher Härte, die in „A" angegeben wird, und in verschiedenen Durchmessern, die in „mm" angegeben werden. Üblich sind Rollen von 95A bis 100A und 50 bis 60mm.

Longboards haben ein längeres Deck, größere und weichere Rollen und weniger ausgeprägte noses und tails.

Als Haupt-Wettkampfdisziplinen gibt es „street" und „vert":
- Beim Streetskaten werden Tricks entweder an natürlichen Hindernissen wie Treppen, Geländern, Bordsteine oder Mauern gezeigt oder in Skateparks oder Hallen. Diese sind mit speziellen Ramps, Pipes oder Kickern ausgestattet.
- Vert findet in der Halfpipe, Miniramp oder Quarterramp statt. Die Tricks werden entweder als Flugtricks (airs) oberhalb der Steilwand ausgeführt oder an der mit einem Stahlrohr versehenen Abschlusskante der Steilwand (liptricks).

Spiel- und Übungsformen alleine

1. Im Sitzen fahren und sich so klein wie möglich machen.
2. Knierollern, die Hände fassen am Board an.
3. Aufsteigen auf das Board, ohne dass es rollt.
4. Absteigen vom Board, ohne dass es weiter rollt.

5. Pushen im Stehen: der vordere Fuß steht mit den Fußspitzen an den vorderen Schrauben des Decks in Fahrtrichtung, der hintere Fuß (Schwungfuß) stößt sich gleichmäßig vom Boden ab, das Körpergewicht liegt auf dem vorderen Fuß. Hat man eine ausreichende Geschwindigkeit erreicht, wird der hintere Fuß auch auf das Board gestellt:
   - mit einem Abstoß möglichst weit kommen
   - eine bestimmte Strecke mit möglichst wenigen Abstößen fahren
   - auf einer Linie rollern
   - durch eine Gasse, versetzte Gasse oder schräg zulaufende Gasse rollern
   - Goofy (der rechte Fuß steht vorne auf dem Deck) und regular (der linke Fuß steht vorne auf dem Deck) rollern
   - Anschwung durch Pushen geben, anschließend während des Rollens Figuren machen: Standwaage, Sportarten oder Tiere darstellen.

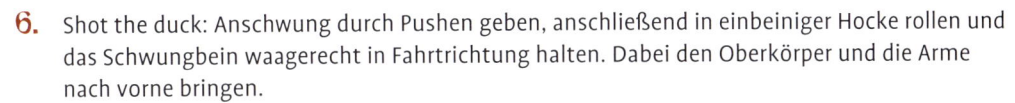

   Foto: Jacobs

6. Shot the duck: Anschwung durch Pushen geben, anschließend in einbeiniger Hocke rollen und das Schwungbein waagerecht in Fahrtrichtung halten. Dabei den Oberkörper und die Arme nach vorne bringen.
   Variation: das Schwungbein zur Seite strecken oder hinter dem Standbein kreuzen
7. Rollen in Grundstellung, dabei abwechselnd den vorderen und den hinteren Fuß heben.

8. Eine endlose große 8 fahren und immer auf der Diagonalen durch Pushen beschleunigen.
9. Hindernisse umfahren.

Foto: Jacobs

10. Einen Basketball beim Fahren dribbeln.
    Variation: mit Korbwurf
11. Schnecke: Eine Kurve fahren, die immer kleiner wird.
12. Tunnel: In Grundstellung in der Hocke fahren:
    - unter einer Schnur durch,
    - durch einen Tunnel aus Matten

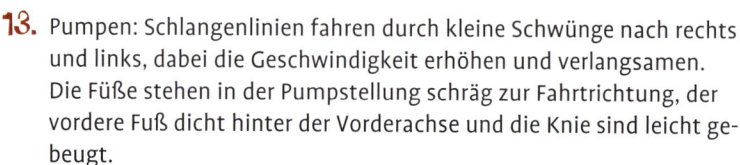

Foto: Jacobs

13. Pumpen: Schlangenlinien fahren durch kleine Schwünge nach rechts und links, dabei die Geschwindigkeit erhöhen und verlangsamen. Die Füße stehen in der Pumpstellung schräg zur Fahrtrichtung, der vordere Fuß dicht hinter der Vorderachse und die Knie sind leicht gebeugt.
14. Slalom fahren: Um Hütchen fahren, die auf einer geraden Linie oder seitlich versetzt stehen.

15. Kick: kurzes Anheben und Wiederaufsetzen der Spitze nach oben oder auch zur Seite
    Variationen:
    - Kicks über einen Tennisring
    - Kicks in unterschiedlicher Höhe
    - Kreisel: sich mit einem Kick einmal um die eigene Achse drehen. Mit wie viel Mal Absetzen schafft man eine ganze Umdrehung?
    - Nur auf den hinteren Rollen fahren
    - Kickbremse: den Kick so hoch ausführen, dass das Tail auf dem Boden bremst
    - Stotterbremse: Mehrere Kicks hintereinander 
16. Fußbremse: Der hintere Fuß steigt ab und schleift mit der Sohle über den Boden
17. Textilbremse: In der Hocke in Parallelstellung fahren. Durch eine plötzliche Gewichtsverlagerung des Körpers nach hinten fährt man eine so enge Kurve, dass das Board zum Stehen kommt. Der Fahrer hält mit einer Hand das Board fest und lässt sich nach hinten auf den Boden fallen.

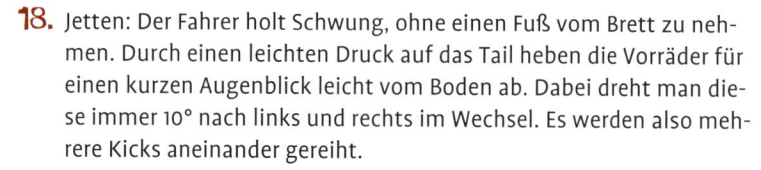

18. Jetten: Der Fahrer holt Schwung, ohne einen Fuß vom Brett zu nehmen. Durch einen leichten Druck auf das Tail heben die Vorräder für einen kurzen Augenblick leicht vom Boden ab. Dabei dreht man diese immer 10° nach links und rechts im Wechsel. Es werden also mehrere Kicks aneinander gereiht.
    Variation: einen Kreis jetten in beide Richtungen
19. Wheelie: nur auf der Hinterachse oder nur auf der Vorderachse fahren.

20. Ollie: Springen durch gezielten Druck auf das Tail und gleichzeitiges hoch und nach vorne Ziehen des vorderen Fußes hebt das Board vom Boden ab. Anschließend auch den hinteren Fuß hochziehen. Zur Landung mit beiden Füßen genau über den Achsen stehen, damit das Skateboard mit allen vier Rollen gleichzeitig aufkommt. Am besten erst im Stand auf weichem Untergrund ausprobieren!

21. Kickflip: hochspringen – das Skateboard mit den Füßen einmal um seine Längsachse drehen und wieder landen.

22. Weitsprung: Der Fahrer springt von einem fahrenden auf ein stehendes Board. Zwischen der Absprungstellen und dem zweiten Board können Matten liegen. Der Anlauf sollte maximal 20m betragen.

23. Hochsprung: Der Fahrer macht aus dem Rollern einen beidbeinigen Standsprung über ein Seil, anschließend landet er wieder auf seinem Skateboard und fährt weiter.

24. Sliden: Der Fahrer rutscht mit dem Deck quer zur Fahrtrichtung zum Beispiel ein Geländer herunter.

25. Grinden: Der Fahrer rutscht mit einer oder zwei Achsen auf der Kante eines Gegenstands oder einem Rail entlang.

Spiel- und Übungsformen zu zweit

1. Partner A und B rollern oder pumpen synchron nebeneinander
2. Wasserski-Slalom: Partner A zieht B mit einem Seil oder an den Händen schnell durch einen Slalom
3. Todesspirale: Partner A und B fassen ein Seil oder Stab an. A bleibt ohne Board am Ort stehen und zieht B in einem immer schneller werdenden Kreis um sich herum.
4. Einen Zopf flechten: Partner A und B fahren parallel nebeneinander und wechseln dabei immer die Spur. B kreuzt immer im Rücken von A.
5. Trittbrettfahrer: Beide Fahrer haben nur ein Skateboard. Partner A steht vorne auf dem Skateboard, Partner B rollert ihn.
6. Während des Jettens werfen sich 2 Fahrer einen Ball oder Frisbee zu: entweder jettet Partner A auf dem Skateboard und Partner B läuft ohne Board nebenher oder beide Spieler fahren parallel nebeneinander auf ihren Boards
7. Doppeldecker: Es wird im Sitzen auf leicht abschüssiger Strecke gefahren: 2 Fahrer sitzen sich auf ihren Boards frontal gegenüber, ihre Schulterachsen über den Längsachsen der Boards. Die Füße werden mit ganzer Sohle so auf das Board des Partners gesetzt, dass die Knie leicht oder auch stark gebeugt sind. Die Hände umfassen die Unterarme des Partners. Die Steuerung erfolgt durch Gewichtsverlagerung der Fahrer: Legt sich Partner A zurück, muss sich Partner B vorlegen.
Variation: Ein dritter Fahrer stellt sich mit einem Fuß auf das Heck von A und mit dem anderen auf das Heck von B. Dabei hält er sich an den Schulter der beiden anderen fest und unterstützt die Steuerung durch Gewichtsverlagerung.

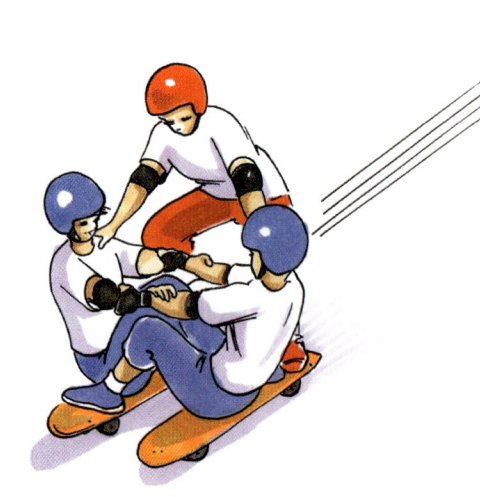

Spiele und Spielformen

Bremstest

Spielidee:
Die Spieler fahren durch einen begrenzten Beschleunigungsstreifen. Am Ende dieses Streifens gilt es, so schnell wie möglich zu bremsen. Wer hat den kürzesten Bremsweg?

Spielerzahl:
ab 2
Material:
Linien oder Kreidemarkierungen, für jeden Spieler ein Skateboard
Ort:
Schulhof oder Parkplatz
Zeit:
ab 5 Minuten
Variation:
Der Spielleiter gibt die Bremsart vor.

Freie Fahrt im Feld

Spielidee:
Alle Spieler fahren durcheinander im Feld. Zusammenstöße sollen vermieden werden durch Kickbremse oder Ausweichen. Jedes Absteigen gibt einen Minuspunkt, jeder Zusammenstoß 2 Minuspunkte. Wer hat am Ende die wenigsten Minuspunkte?

Spielerzahl:
ab 3
Material:
für alle Spieler ein Skateboard
Ort:
Parkplatz, Schulhof, Sporthalle
Zeit:
ab 5 Minuten
Variation:
Im Feld befinden sich zusätzlich Hindernisse, die umfahren werden müssen, z.B. Hütchen, Steine, Seilchen, Stöcke.

Seilfahrt

Spielidee:
Alle Spieler fassen ein längeres Seil oder eine Zauberschnur an und fahren hintereinander, ohne das Seil loszulassen.

Spielerzahl:
ab 4
Material:
1 Zauberschnur oder 1 längeres Seil, für jeden Spieler ein Skateboard
Ort:
Schulhof, Parkplatz
Zeit:
ab 3 Minuten

Tausendfüßler

Spielidee:
3 bis 5 Spieler fahren, mit 1 oder 2 Stäben verbunden, hintereinander mit Rollertechnik und versuchen, einen gemeinsamen Rhythmus zu finden.

Spielerzahl:
ab 3
Material:
für jeden Spieler einen Stab und ein Skateboard
Ort:
Parkplatz, Schulhof, Sporthalle
Zeit:
ab 3 Minuten
Variation:
2 oder mehr Tausendfüßler fahren ein Wettrennen gegeneinander.

Formationsfahren

Spielidee:
Mehrere Spieler fahren in einer vorgegebenen oder ausgedachten Formation, z.B. als Pfeil, in einer 8, in einem Rechteck, Dreieck oder Kreis.

Spielerzahl:
ab 5
Material:
für jeden Spieler ein Skateboard
Ort:
Schulhof, Parkplatz
Zeit:
ab 3 Minuten

Nachtflug

Spielidee:
Die Hälfte der Spieler fährt mit verbundenen oder geschlossenen Augen. Die jeweiligen Partner laufen nebenher und führen nur durch Zurufe.

Spielerzahl:
ab 4
Material:
Augenbinden und ein Skateboard für jeden zweiten Fahrer
Ort:
Schulhof, Parkplatz
Zeit:
ab 3 Minuten
Variation:
Die Partner führen am Stab oder Seil.

Sammlerspiel

Spielidee:
Es werden verschiedene Gegenstände im Spielfeld verteilt. 2 gekennzeichnete Mannschaften spielen gegeneinander und versuchen, möglichst viele Gegenstände im Fahren einzusammeln und zum Mannschaftslager zu bringen. Berührt ein Fahrer mit dem Fuß den Boden, gibt es am Ende einen Punkt Abzug. Welche Mannschaft hat am Ende die meisten Punkte?

Spielerzahl:
ab 8
Material:
100 Bierdeckel oder Tennisbälle
Ort:
Schulhof, Parkplatz
Zeit:
ab 5 Minuten

S-K-A-T-E

Spielidee:
Ein Skater macht einen Trick vor, alle anderen müssen diesen Trick nachmachen. Wer den Trick nicht schafft, bekommt den ersten Buchstaben „S". In der nächsten Runde macht ein anderer Spieler einen Trick vor. Wer alle Buchstaben SKATE bekommen hat, scheidet aus. Zum Schluss bleibt der Gewinner übrig.

Spielerzahl:
ab 2
Material:
Skateboard
Ort:
Schulhof, Parkplatz
Zeit:
ab 10 Minuten

Nummernwettlauf

Spielidee:
Es werden 3er- bis 7er-Mannschaften gebildet und durchnummeriert, die sich jeweils entweder an den Ecken eines rechteckigen Spielfeldes auf eine Matte stellen oder sich bei mehr als 4 Mannschaften kreisförmig anordnen. Der Spielleiter ruft eine Nummer, alle Spieler mit der entsprechenden Nummer umrunden das Spielfeld und versuchen, so schnell wie möglich wieder auf ihrer Matte zu stehen. Wer als erster ankommt, bekommt einen Punkt für sein Team. Die Mannschaft mit der höchsten Gesamtpunktzahl ist am Ende Sieger.

Spielerzahl:
ab 12
Material:
für jede Mannschaft eine Matte und ein Skateboard, im Freien Kreidemarkierungen statt Matten
Ort:
Sporthalle, Parkplatz, Schulhof
Zeit:
ab 10 Minuten
Variationen:
- Der Spielleiter ruft eine Doppelnummer, z.B. 32, oder „alle Zahlen von 2 bis 5", „alle" oder er stellt eine Rechenaufgabe.
- Es werden Hindernisse aufgebaut oder ein Slalomparcours.

Verfolgungsrennen

Spielidee:
Immer 2 Spieler fahren im Oval gegeneinander. Beide Fahrer starten gegenüber in der Mitte der Geraden. Sie dürfen immer nur auf der Geraden beschleunigen, nicht in den beiden Kurven. Ziel ist es, den anderen Fahrer einzuholen oder nach 10 Runden mehr gefahren zu sein. Für jeden Sieg gibt es einen Punkt. Wer hat am Ende die meisten Punkte?

Spielerzahl:
ab 2
Material:
Hütchen zum Markieren des Parcours, mindestens 2 Skateboards
Ort:
Schulhof, Parkplatz
Zeit:
abhängig von der Spielerzahl

Wer rollt am weitesten?

Spielidee:
Jeder Spieler darf von einer Startlinie einmal, zweimal oder dreimal pushen. Wer rollt anschließend am weitesten?
Spielerzahl:
ab 2
Material:
für jeden Spieler ein Skateboard
Ort:
Sporthalle, Parkplatz, Schulhof
Zeit:
ab 3 Minuten

Familie Meier

Spielidee:
Es werden 2 oder mehr Mannschaften gebildet mit mindestens 5 Spielern. Der Spielleiter erzählt oder liest eine Geschichte vor, in der so viele unterschiedliche Personen vorkommen, wie die Mannschaften Spieler haben. Jeder Spieler einer Mannschaft übernimmt eine Rolle. Liest der Spielleiter beispielsweise „Papa" vor, müssen alle „Papas" eine festgelegte Strecke zurücklegen. Bei „alle" oder „die ganze Familie" fährt die gesamt Mannschaft. Wer zuerst wieder ankommt, bekommt einen Punkt für die Mannschaft.

Spielerzahl:
ab 10
Material:
Geschichte, für jeden Spieler ein Skateboard
Ort:
Schulhof, Parkplatz
Zeit:
ab 10 Minuten
Variation:
Es wird ohne Punkte gespielt. Bei dieser Variation kann der Spielleiter die Geschichte schneller erzählen und mehrere Spieler nacheinander auf die Strecke schicken.

Fangspiele

Schwarz-Weiß

Spielidee:
Immer 2 Spieler stellen sich in Gassenaufstellung so gegenüber auf, dass sich ihre Fingerspitzen bei ausgestreckten Armen berühren. Eine Seite ist schwarz, die andere weiß. Ruft der Spielleiter das Kommando „schwarz", flüchten alle Spieler der schwarzen Mannschaft schnell zu ihrer Begrenzungslinie, um nicht von den „Weißen" gefangen (berührt) zu werden. Jede Gefangennahme gibt einen Punkt für den Fänger oder der Gefangene wechselt in die gegnerische Gruppe und damit automatisch die Farbe.

Spielerzahl:
ab 8
Material:
2 Kreidelinien, für jeden Spieler ein Skateboard
Ort:
Schulhof, Parkplatz
Zeit:
ab 5 Minuten
Variationen:
- Gerade und ungerade: Der Spielleiter stellt Rechenaufgaben und das Ergebnis entscheidet, wer Fänger und wer Gejagter wird.
- Schnick-Schnack-Schnuck: Jedes sich gegenüberstehende Paar spielt für sich, der Sieger fängt, der Verlierer flüchtet.
- Die Startposition verändern: auf dem Board sitzen, hinter dem Board liegen oder mit dem Rücken zum Gegner stehen.
- Der Spielleiter erzählt eine Geschichte, in der die Worte „schwarz" und weiß" vorkommen. Fällt der entsprechende Begriff, flüchtet die genannte Seite.
- Für jede falsche Reaktion gibt es einen Minuspunkt.
- Es kann auch ohne Punkte gespielt werden.

Feuer, Wasser, Blitz

Spielidee:
Alle Spieler fahren im Feld umher. Der Spielleiter ruft „Feuer", „Wasser" oder „Blitz". Auf diese Kommandos müssen alle Spieler so schnell wie möglich vorgegebene Aufgaben erfüllen:
„Blitz": in der Hocke rollen
„Wasser": bremsen
„Feuer": zu einer vorgegebenen Markierung fliehen
Wer als letzter die jeweilige Aufgabe erfüllt, bekommt einen Strafpunkt. Die Aufgaben können natürlich beliebig abgeändert werden.

Spielerzahl:
ab 6
Material:
für jeden Spieler ein Skateboard
Ort:
Schulhof oder Parkplatz
Zeit:
ab 5 Minuten
Variation:
Der Spielleiter kann eine Geschichte erzählen oder vorlesen, in der 3 oder mehrere vorher ausgewählte Begriffe vorkommen, für die entsprechende Aufgaben festgelegt werden.

Fischer, Fischer, wie tief ist das Wasser?

Spielidee:
Ein Spieler, der Fischer, steht auf einer Stirnseite des Feldes, alle anderen Fahrer, die Gejagten, befinden sich auf der gegenüberliegenden Stirnseite. Sie rufen: „Fischer, Fischer, wie tief ist das Wasser?" Dieser antwortet: „5, 10 oder 20 Meter tief." Die Gejagten fragen: „Wie kommen wir da herüber?" Der Fischer gibt nun die Fortbewegungsart vor: rollern, jetten oder pumpen. Alle Spieler müssen in der angegebenen Fahrweise auf die andere Seite fahren, ohne vom Fischer berührt zu werden, der mit derselben Technik fahren muss. Wer gefangen wurde, wird im nächsten Durchgang zusätzlicher Fischer. Wer bleibt bis zum Schluss übrig?
Achtung: auf den Auslauf achten!

Spielerzahl:
ab 12
Material:
für jeden Spieler ein Skateboard
Ort:
Schulhof, Parkplatz
Zeit:
ab 5 Minuten
Variation:
Fischer, Fischer, welche Fahne weht heute? Die Gruppe ruft: „Fischer, Fischer, welche Fahne weht heut?", Der Fischer antwortet: „Die rote, blaue, gelbe, gestreifte…" Das bedeutet, dass in dem folgenden Durchgang alle Spieler gefangen werden dürfen, nur nicht diejenigen, deren Kleidungsstücke die genannte Farbe hat.

Schwänzchen fangen

Spielidee:
Jeder Fahrer bekommt ein Mannschaftsband, das er sich so hinten in die Hose steckt, dass es gut zu sehen ist. Ziel jedes Spielers ist es, möglichst viele Schwänzchen der Gegenspieler zu erbeuten und sein eigenes zu sichern. Hat man ein Schwänzchen erbeutet, fährt man kurz aus dem Spielfeld, um es sich zusätzlich gut sichtbar in die Hose zu stecken und jagt anschließend weiter. Wer nach einer vorgegebenen Zeit die meisten Schwänzchen erbeutet hat, ist Sieger.

Spielerzahl:
ab 10
Material:
für jeden Spieler ein Mannschaftsband und ein Skateboard
Ort:
Schulhof, Parkplatz
Zeit:
ab 5 Minuten

Zauberer

Spielidee:
Es werden 2 bis 4 Zauberer (Fänger) gekennzeichnet und ein Spielfeld markiert. Die Zauberer versuchen, durch Abschlagen die Gejagten zu verzaubern. Wer verzaubert wurde, bleibt sofort stehen und hebt die Hand. Er kann von einem Mitspieler durch Abschlagen erlöst werden und wieder mitspielen. Nach Ablauf einer bestimmten Zeit übergeben die Zauberer ihre Kennzeichnung an neue Zauberer.

Spielerzahl:
ab 8

Material:
für jeden Spieler ein Skateboard, Kennzeichnungen für die Zauberer

Ort:
Sporthalle, Parkplatz, Schulhof

Zeit:
ab 5 Minuten

Bäumchen, Bäumchen wechsle dich

Spielidee:
Im Spielfeld verteilt werden Kreidekreise aufgemalt, ein Kreis weniger als Spieler. Alle Spieler fahren umher. Auf Kommando des Spielleiters ist es das Ziel jedes einzelnen Spielers, so schnell wie möglich in einem freien Kreis zu stoppen. Wer keinen freien Kreis besetzen kann, bekommt einen Minuspunkt. Wer hat am Ende die wenigsten Minuspunkte?

Spielerzahl:
ab 6

Material:
für jeden Spieler einen Kreidekreis und ein Skateboard

Ort:
Schulhof, Parkplatz

Zeit:
ab 5 Minuten

Variationen:
- Jeder Spieler steht zu Beginn des Spiels in einem Kreis, der in der Spielfeldmitte liegt. Auf Kommando des Spielleiters fahren alle Spieler so schnell wie möglich zu einer bestimmten Markierung außerhalb des Spielfeldes. In der Zwischenzeit stellt der Spielleiter Markierungshütchen in einen oder mehrere Kreise als Absperrung. Diese Kreise dürfen nicht besetzt werden. Ziel ist es, wieder einen freien Kreis zu besetzen.
- Zu Musik fahren: Geht die Musik aus, schnell einen Kreis besetzen.

Ballspiele

Parteiball

Spielidee:
2 gekennzeichnete Vierermannschaften spielen gegeneinander mit dem Ziel, sich innerhalb ihrer Mannschaft einen Ball so oft wie möglich zuzupassen, ohne dass der Ball auf den Boden fällt oder der Gegner an den Ball kommt. Fällt der Ball auf den Boden oder landet er im Aus, wechselt der Ballbesitz zum Gegner. Fängt die gegnerische Mannschaft den Ball ab, versucht sie nun ihrerseits, möglichst viele Pässe zu spielen. Jeder erfolgreiche Pass wird von der Mannschaft laut mitgezählt. Mit dem Ball in der Hand darf nur passiv ausgerollt werden. Bei 5 oder 10 erfolgreichen Pässen erhält die Mannschaft einen Punkt und der Ball wechselt zum Gegner.

Spielerzahl:
ab 8

Material:
1 Ball, für jeden Spieler ein Skateboard

Ort:
Parkplatz, Schulhof

Zeit:
ab 10 Minuten

Bälle übergeben

Spielidee:
Alle Spieler fahren frei im Feld umher. Die Hälfte der Spieler hat einen Ball, der entweder beim Fahren in der Hand gehalten oder gedribbelt wird. Begegnen sich ein Spieler mit und einer ohne Ball, muss der Spieler mit Ball diesen übergeben.

Spielerzahl:
ab 6

Material:
für jeden zweiten Spieler 1 Ball, für jeden Spieler ein Skateboard

Ort:
Schulhof, Parkplatz

Zeit:
ab 5 Minuten

Variation:
Alle Spieler haben einen Ball. Begegnen sie sich, werden die Bälle in der Fahrt ausgetauscht.

Brennball

Spielidee:
2 Mannschaften spielen gegeneinander Brennball. Jeder Spieler der Werfermannschaft hat ein Skateboard. Der Startspieler wirft einen Ball ins Feld und muss anschließend die Laufstrecke auf dem Skateboard fahren. Der Ball darf beliebig ins Spiel gebracht werden und ist nicht aus. Spieler, die weder ein Freimal noch das Parcoursende mit dem Skateboard erreichen, bevor der Ball im Brenner ist, sind verbrannt und stellen sich bei ihrer Werfermannschaft wieder hinten an. Pro erfolgreich absolvierten Parcours gibt es einen Punkt, ein home-run zählt doppelt. Die Feldspieler dürfen die Skateboardfahrer nicht behindern. Der Brennmeister der Feldspielermannschaft wird nach jedem Wurf gewechselt. Gespielt wird auf Zeit. Die Mannschaft mit den meisten Punkten gewinnt.

Spielerzahl:
mindestens 7 Spieler pro Mannschaft

Material:
Kleine Kästen oder Hütchen als Freimale, ein umgedrehter kleiner Kasten als Brenner, ein beliebiger Ball, für die Hälfte der Spieler ein Skateboard

Ort:
Sporthalle

Zeit:
ab 5 Minuten pro Durchgang

Variationen:
- 2 - 3 Spieler werfen und starten gleichzeitig. Erst wenn der letzte Ball im Brenner ist, ist der Durchgang beendet.
- Es werden Hindernisse zum Überspringen in den Fahrparcours eingebaut.

Basketball

Spielidee:
2 gekennzeichnete Mannschaften spielen gegeneinander nach Basketballregeln auf 2 Körbe. Der Ball darf nicht länger als 5 Sekunden in der Hand gehalten werden. Es muss gedribbelt werden. Absichtlicher Körperkontakt ist nicht erlaubt und wird sofort mit Ballbesitz für den Gegner geahndet.

Spielerzahl:
ab 8

Material:
1 Basketball, 2 Basketballkörbe, Leibchen, für jeden Spieler ein Skateboard

Ort:
Freiplatz oder Sporthalle

Zeit:
ab 10 Minuten

Skier

Es gibt über 30 verschiedene Skitypen für jeden Fahrstil. Zu nennen sind hier die Allround-Carver für den überwiegenden Einsatz auf präparierten Pisten, All-Mountain Carver für den Einsatz abseits der Piste und bei schweren Schneebedingungen, Supercross-Carver für sportliches Fahren auf der Piste, Racecarver für den Rennlauf, extrabreite Freerider für jedes Gelände, Freeski für Pipes oder Snowparks sowie sehr kurze Funcarver oder Junior-Carver für Kinder und Jugendliche.

Spiel- und Übungsformen alleine

Spiele und Spielformen sind nur möglich, wenn man einen passenden Ort dafür auswählt. Es darf nicht sein, dass andere Skifahrer dass Spielfeld kreuzen.

In der Ebene am Ort

1. Die Skier am Ort abwechselnd vor und zurück schieben.
2. Kanten der Skier am Ort, abwechselnd X- und O-Beine machen.
3. Anheben und Aufstellen einer Skispitze.
4. Anheben und Aufstellen eines Skiendes.
5. Umtreten am Ort über die Skienden oder die Skispitzen – wer schafft am schnellsten eine ganze Umdrehung?
6. Die Skier stehen parallel nebeneinander, anschließend Kreuzen der Beine – die Skier stehen wieder parallel mit gekreuzten Beinen nebeneinander.
7. Spitzkehre
8. Sprünge am Ort
9. Sprünge vom rechten auf den linken Ski und umgekehrt.
10. Hampelmann am Ort: abwechselnd V- und Dach-Stellung.
11. Seitlich über einen liegenden Skistock springen und wieder zurück.
12. Möglichst lange auf einem Ski stehen.
13. Einen Kreis um die Skispitzen springen, indem man die Skienden anhebt. Wer schafft die größte Drehung?
14. Umfallen und aufstehen: Wer steht zuerst wieder?
15. Wer kann auf einem Ski am weitesten gleiten nach einmaligem Anschieben?
16. Wer kommt am weitesten mit 1 oder 5 Doppelstockschüben oder mit 6 Schlittschuhschritten?

Alleine am (flachen) Hang

17. Auf einem Ski fahren mit oder ohne Stöcke.
18. Ohne Stöcke/mit Stöcken fahren
19. In der Standwaage oder Hocke fahren
20. Zwerg und Riese: Wechsel zwischen Hocke und Aufrichten
21. Sich bei der Abfahrt auf die Skienden setzen – wer gleitet am weitesten?
22. Mit einem Luftballon zwischen den Beinen fahren
23. Klammerschwung: In der Hocke fahren und dabei ein Bein unbelastet ausscheren
24. 360° Schwung: Sich beim Abfahren immer im Kreis drehen. Wer schafft die meisten Drehungen?
25. „Bewege alles an deinem Körper, was du während der Fahrt bewegen kannst."
26. Einsammeln von Bierdeckeln während der Fahrt.
27. Einen Ball selbst hochwerfen und auffangen.
28. Springen über kleine Schanzen (oft findet man an Schneekanonen geeignete kleine Schanzen):
    - Grätschsprung
    - Pflugsprung
    - Schrittsprung
    - Twister (Drehen der geschlossenen Beine zur Seite)

Spiel- und Übungsformen zu zweit

Am Hang

1. Endlossprünge: A und B stehen versetzt übereinander, so dass sich ihre Skispitzen überlappen. Der jeweilige obere Fahrer springt über die Skispitzen seines Partners.

2. Schattenfahren: Partner A und B fahren hintereinander oder parallel nebeneinander. Der Hintermann fährt so, wie sein Partner es ihm vormacht: Er springt, geht in die Hocke, fährt auf einem Bein, fährt rückwärts oder spezielle Schwünge, fährt Schneepflug oder fährt parallel.

3. Zopf flechten: Partner A und B fahren nebeneinander und wechseln fortlaufend durch Kreuzen ihre Spur.

4. Blindfahrt: Partner A fährt eine vorgegebene Strecke mit geschlossenen oder verbundenen Aufgaben. Partner B dirigiert ihn durch Zurufen.
Variation: Der „blinde" Spieler fährt vorne, sein Partner lenkt ihn von hinten mit einer Leine.

5. Verfolgungsfahren: A und B fahren hintereinander. Der vordere Partner versucht bei geländeangepasstem Fahren, seinen Verfolger abzuschütteln.

6. Schleuderwalzer: 2 Partner fassen sich an den Händen oder den Stöcke an und versuchen, den Hang durch Kreisen abzufahren.

7. Schottenfahren: Jeder der beiden Partner hat nur einen Ski.

8. Zwillingsfahren: Nur ein Fahrer hat Ski, der zweite steht auf den Skiern des Fahrers.

9. Tauschrausch: Während der Fahrt sollen 2 Fahrer so viele Dinge wie möglich austauschen.

10. Paarfahren: Partner A und Partner B fahren nebeneinander mit Handfassung.

11. Ballzauberer: Partner A und B werfen sich während der Fahrt einen Ball oder eine Frisbeescheibe zu.

Spiele und Spielformen

Wer ist zuerst angezogen?

Spielidee:
In der Ebene verteilt gibt es ein Depot aller Stöcke, ein Depot aller Skier, ein Depot aller Helme und ein Depot aller Handschuhe. Auf ein Startkommando starten alle Spieler gleichzeitig vom Startpunkt. Wer ist am schnellsten komplett „angezogen"?
Die Reihenfolge, in der die Depots angelaufen werden, ist beliebig.
Spielerzahl:
ab 2
Material:
Skier, Stöcke, Helme und Handschuhe für jeden Spieler
Ort:
Ebene
Zeit:
ab 2 Minuten

Feuer, Wasser, Blitz

Spielidee:
Alle Spieler fahren im Feld umher. Der Spielleiter ruft „Feuer", „Wasser" oder „Blitz". Auf diese Kommandos müssen alle Spieler so schnell wie möglich vorgegebene Aufgaben erfüllen:
„Blitz":
in den Schnee setzen und wieder aufstehen
„Wasser":
Spitzkehre
„Feuer":
zu einer vorgegebenen Markierung fliehen
Wer als letzter die jeweilige Aufgabe erfüllt, bekommt einen Strafpunkt. Die Aufgaben können natürlich beliebig abgeändert werden.

Spielerzahl:
ab 6
Material:
Skier und Skistöcke für jeden Spieler
Ort:
Ebene
Zeit:
ab 5 Minuten
Variation:
Der Spielleiter kann eine Geschichte erzählen oder vorlesen, in der 3 oder mehr vorher ausgewählte Begriffe vorkommen, für die entsprechende Aufgaben festgelegt werden.

Rennen

Dreiecks-Rennen

Spielidee:
Immer 3 Spieler stellen sich im Dreieck vor einem Skistock oder einem Handschuh als Markierung auf. Auf ein Startkommando umrunden alle 3 die Startmarkierungen ihrer beiden Gegner. Wer ist zuerst wieder an seinem Platz?

Spielerzahl:
ab 3
Material:
3 Markierungen, Skier und Skistöcke für jeden Spieler
Ort:
Ebene
Zeit:
ab 3 Minuten

Runden-Rennen

Spielidee:
Mit Skistöcken, Handschuhen oder Schals wird ein Rundkurs markiert. 2 Mannschaften mit 4 bis 6 Spielern fahren gleichzeitig gegeneinander im Kreis. Sie starten auf 2 genau gegenüberliegenden Positionen. Ziel ist es, die gegnerische Mannschaft einzuholen oder nach einer vorgegebenen Rundenzahl zuerst mit allen Spielern die eigene Start- und Ziellinie zu überqueren.

Spielerzahl:
ab 8
Material:
markierter Rundkurs, Skier und Skistöcke für jeden Spieler
Ort:
Ebene
Zeit:
ab 5 Minuten
Variationen:
- Die Fahrweise kann vorgegeben werden: im Schlittschuhschritt, mit Doppelstockeinsatz oder mit einem Ski.
- Es kann auch einzelnen gegeneinander gefahren werden.

Ausscheidungsrennen

Spielidee:
Wettrennen über eine kurze Distanz. Alle Spieler starten gemeinsam. Wer als letzter im Ziel ankommt, läuft eine Strafrunde. Welcher Spieler hat am Ende die wenigsten Strafrunden?

Spielerzahl:
ab 4
Material:
Skier und Skistöcke für jeden Spieler
Ort:
Ebene
Zeit:
ab 3 Minuten
Variation:
Die Fahrweise wird vorgegeben: mit einem Ski, Schlittschuhschritte oder mit Doppelstockeinsatz.

Platzwechsel-Rennen

Spielidee:
2 Mannschaften stehen sich gegenüber. Auf ein Startkommando müssen alle Spieler so schnell wie möglich die Seite wechseln. Welche Gruppe ist zuerst komplett auf der anderen Seite?

Spielerzahl:
ab 4

Material:
Skier und Skistöcke für jeden Spieler

Ort:
Ebene

Zeit:
ab 3 Minuten

Variationen:
- Alle Spieler fahren nebeneinander mit Handfassung.
- Fahrweise vorgeben.

Einholen

Spielidee:
2 Partner A und B starten kurz hintereinander. B muss seinen vor ihm gestarteten Partner A bis zu einer Zielmarkierung eingeholt haben.

Spielerzahl:
ab 2

Material:
Skier und Skistöcke für jeden Spieler

Ort:
Ebene

Zeit:
ab 3 Minuten

Eckenrennen

Spielidee:
2 Mannschaften mit jeweils mindestens 5 Spielern fahren gegeneinander. Alle 4 Ecken eines Spielfeldes werden von beiden Mannschaften gleichmäßig besetzt. Die Startecken beider Mannschaften liegen diagonal gegenüber. Hier müssen 2 Spieler der Startmannschaft stehen. Beide Startfahrer fahren so schnell wie möglich bis zur nächsten Ecke und schlagen dort den nächsten Spieler ab. Das Rennen ist beendet, wenn eine Mannschaft eingeholt wird oder ein Schlusssignal ertönt. Sieger ist die Mannschaft, die mehr gefahren ist.

Spielerzahl:
ab 10

Material:
Spielfeld mit 4 Ecken, Skier und Skistöcke für jeden Spieler

Ort:
Ebene

Zeit:
ab 5 Minuten

Pferderennen

Spielidee:
Alle Spieler stehen im Kreis. Der Spielleiter führt pantomimisch ein Pferderennen durch und spielt gleichzeitig den Reporter dieses Rennens. Alle Spieler müssen die Bewegungen des Spielleiters nachmachen, z.B. Start, Galopp, Sprung über eine zweifache Kombination, Galopp, Sprung über eine dreifache Kombination, Endspurt, Applaus des Publikums, Siegerfoto und Siegerlächeln.

Spielerzahl:
ab 3
Material:
Skier für jeden Spieler
Ort:
Ebene
Zeit:
ab 1 Minute

Fangspiele

Fangen

Spielidee:
Es gibt einen oder mehrere durch Mützen gekennzeichnete Fänger. Alle anderen Spieler fahren in einem markierten Feld. Wer gefangen (berührt) wird, wird zum neuen Fänger und bekommt die Fängermütze. Ein direkter Rückschlag ist nicht erlaubt.

Spielerzahl:
ab 4

Material:
Mützen, Skier für jeden Spieler

Ort:
Ebene

Zeit:
ab 3 Minuten

Variationen:
- Zunächst gibt es nur einen gekennzeichneten Fänger. Wer gefangen wird, holt sich aus dem Depot oder bekommt vom Spielleiter eine Mütze und wird ein zusätzlicher Fänger. Wer bleibt am Schluss noch übrig? Dieser Spieler wird im nächsten Durchgang neuer Fänger.
- Wer auf einem Ski steht, darf nicht gefangen werden.

Paarfangen

Spielidee:
2 Spieler fassen sich an. Sie sind Fänger und versuchen, möglichst viele andere Spieler abzuschlagen. Alle anderen Spieler sind Gejagte. Sie fahren einzeln im Spielfeld umher. Wer gefangen wurde, wartet, bis ein zweiter Spieler abgeschlagen wurde und bildet mit ihm ein weiteres Fängerpaar.

Spielerzahl:
ab 10

Material:
Skier für jeden Spieler

Ort:
Ebene

Zeit:
ab 3 Minuten

Jagdfangen

Spielidee:
4 bis 8 Spieler stellen sich im Kreis mit ungefähr gleichem Abstand zu ihren Nebenleuten auf. Alle Spieler fangen ihren Vordermann und dürfen sich nicht von ihrem Hintermann fangen lassen. Wer gefangen wurde, scheidet aus und muss bis zum Spielende möglichst viele Strafrunden fahren.

Spielerzahl:
ab 4 Spieler

Material:
Skier und Skistöcke für jeden Spieler

Ort:
Ebene

Zeit:
ab 5 Minuten

Fischer, Fischer wie tief ist das Wasser?

Spielidee:
Ein Spieler, der Fischer, steht auf einer Stirnseite des Feldes, alle anderen Fahrer, die Gejagten, befinden sich auf der gegenüberliegenden Stirnseite. Sie rufen: „Fischer, Fischer, wie tief ist das Wasser?" Dieser antwortet: „5, 10 oder 20 Meter tief." Die Gejagten fragen: „Wie kommen wir da herüber?" Der Fischer gibt nun die Fortbewegungsart vor: Schlittschuhschritte, Doppelstockschübe, wie ihr wollt. Alle Spieler müssen in der angegebenen Fahrweise auf die andere Seite fahren, ohne vom Fischer berührt zu werden, der mit derselben Technik fahren muss. Wer gefangen wurde, wird im nächsten Durchgang zusätzlicher Fischer. Wer bleibt bis zum Schluss übrig?

Spielerzahl:
ab 12

Material:
gekennzeichnetes Spielfeld, Skier und Skistöcke für jeden Spieler

Ort:
Ebene

Zeit:
ab 5 Minuten

Variation:
Fischer, Fischer, welche Fahne weht heute? Die Gruppe ruft: „Fischer, Fischer, welche Fahne weht heut?", Der Fischer antwortet: „Die rote, blaue, gelbe, gestreifte..." Das bedeutet, dass in dem folgenden Durchgang alle Spieler gefangen werden dürfen, nur nicht diejenigen, deren Jacke oder Helm die genannte Farbe haben.

Reise nach Jerusalem

Spielidee:
Alle Spieler stellen sich im Kreis auf und stecken vor sich einen Skistock in den Schnee. Ein Skistock wird anschließend entfernt. Auf ein Startkommando fahren alle Spieler im Kreis um die Skistöcke. Auf ein Signal das Spielleiters gilt es, einen der Skistöcke zu berühren. Wer keinen hat, bekommt einen Minuspunkt. Wer am Spielende die meisten Minuspunkte hat, verliert.

Spielerzahl:
ab 5

Material:
Skistöcke, Skier für jeden Spieler

Ort:
Ebene

Zeit:
ab 3 Minuten

Zauberer

Spielidee:
2 bis 5 durch Mützen gekennzeichnete, feste Fänger, die Zauberer, versuchen, die Gejagten durch Abschlagen zu versteinern. Versteinerte Spieler warten mit erhobenen Händen darauf, von einem Mitspieler berührt und dadurch erlöst zu werden. Sie dürfen dann als Gejagte weiter spielen. Schaffen es die Zauberer, alle Spieler zu verzaubern?
Nach 2 bis 3 Minuten übergeben die Zauberer ihre Mütze an neue Zauberer.

Spielerzahl:
ab 10
Material:
Mützen, Skier für jeden Spieler
Ort:
Ebene
Zeit:
ab 5 Minuten
Variation:
Selbstbefreiung, indem der Gefangene einmal das Spielfeld umrundet.

Schwarz – Weiß

Spielidee:
Immer 2 Spieler stellen sich in Gassenaufstellung so gegenüber auf, dass sich ihre Fingerspitzen bei ausgestreckten Armen berühren. Eine Seite ist schwarz, die andere weiß. Ruft der Spielleiter das Kommando „schwarz", flüchten alle Spieler der schwarzen Mannschaft schnell hinter ihre Sicherheitsmarkierung, um nicht von den „Weißen" gefangen (berührt) zu werden. Jede Gefangennahme gibt einen Punkt für den Fänger oder der Gefangene wechselt in die gegnerische Gruppe und wechselt die Farbe.
Wichtig: Es muss genug Platz zum Nebenmann vorhanden sein.

Spielerzahl:
ab 8
Material:
Skier und Skistöcke für jeden Spieler
Ort:
Ebene
Zeit:
ab 5 Minuten
Variationen:
- Gerade und ungerade: Der Spielleiter stellt Rechenaufgaben und das Ergebnis entscheidet, wer Fänger und wer Gejagter wird.
- Schnick-Schnack-Schnuck: Jedes sich gegenüberstehende Paar spielt für sich, der Sieger fängt, der Verlierer flüchtet.
- Die Startposition verändern: mit dem Rücken zum Gegner, Skier abschnallen
- Der Spielleiter erzählt eine Geschichte, in der die Worte „schwarz" und weiß" vorkommen. Fällt der entsprechende Begriff, flüchtet die genannte Seite.
- Für jede falsche Reaktion gibt es einen Minuspunkt.

Spiele am Hang

Bremstest

Spielidee:
Wer hat den kürzesten Bremsweg aus der Schussfahrt?

Spielerzahl:
ab 2
Material:
Skier (und Skistöcke) für jeden Spieler
Ort:
Hang
Zeit:
ab 3 Minuten
Variation:
Wer staubt am meisten?

Spurenlegen

Spielidee:
In der Dreier- oder Vierergruppe wechselt die Führung, so dass jeder einmal die Spur für seine Gruppe legen muss.

Spielerzahl:
ab 3
Material:
Skier (und Skistöcke) für jeden Spieler
Ort:
Hang
Zeit:
ab 5 Minuten

Tatzelwurm

Spielidee:
6er-Ketten fahren im Schneepflug hintereinander ohne Stöcke langsam den Berg hinunter. Der Hintermann hält sich jeweils an der Hüfte des Vordermanns fest.

Spielerzahl:
ab 6
Material:
Skier für jeden Spieler
Ort:
Hang
Zeit:
ab 3 Minuten
Variation:
Raupe: Alle Spieler fassen die Stöcke des Vordermanns an.

Kettenfahren

Spielidee:
Alle Spieler fahren als Kette nebeneinander im gleichen Tempo mit den gleichen Schwüngen. Ein Spieler muss dabei das Kommando für die Schwünge geben.

Spielerzahl:
ab 3
Material:
Skier und Skistöcke für jeden Spieler
Ort:
Hang
Zeit:
ab 3 Minuten

Menschenslalom

Spielidee:
3er- bis 6er-Gruppen fahren mit einem so gewählten Abstand hintereinander her, dass der jeweils letzte Spieler an die Spitze fahren kann, indem er alle anderen im Slalom überholt.

Spielerzahl:
ab 3
Material:
Skier und Skistöcke für jeden Spieler
Ort:
Hang
Zeit:
ab 5 Minuten
Variation:
Es ist auch möglich, dass die „Menschentore" stehen bleiben und immer nur der jeweils letzte Spieler fährt.

Reißverschluss

Spielidee:
2 Gruppen mit beliebig vielen Spielern fahren zunächst parallel zueinander im Abstand von mindestens 10 Metern den Hang hinunter. Alle Spieler einer Gruppe fahren hintereinander. Auf ein Kommando wechseln beide Gruppen ihre Spur, indem sie sich in der Mitte mit der anderen Gruppe im Reißverschlussverfahren kreuzen.

Spielerzahl:
ab 10
Material:
Skier und Skistöcke für jeden Spieler
Ort:
Hang
Zeit:
ab 5 Minuten

Formationsfahren

Spielidee:
Mehrere Spieler fahren in einer ausgedachten oder vorgegebenen Formation, z.B. ein V, ein umgekehrtes V, im Dreieck, als Pfeil oder in mehreren Reihen hintereinander.

Spielerzahl:
ab 6
Material:
Skier und Skistöcke für jeden Spieler
Ort:
Hang
Zeit:
ab 3 Minuten

Foto: Mählmann

Schwung-Wettbewerb

Spielidee:
Wer schafft die meisten Schwünge auf einer vorgegebenen Strecke?

Spielerzahl:
ab 2
Material:
Skier und Skistöcke für jeden Spieler
Ort:
Hang
Zeit:
ab 3 Minuten
Variation:
Auch als Mannschaftswettkampf möglich.

Schussfahrt oder Abfahrtsrennen

Spielidee:
Alle Spieler fahren eine vorgegebene Strecke Schuss. Der Spielleiter stoppt die Zeit. Bei ausreichendem Platz kann als Massenstart nebeneinander gefahren werden.

Spielerzahl:
ab 2
Material:
Skier und Skistöcke für jeden Spieler
Ort:
Hang
Zeit:
ab 3 Minuten
Variation:
Wer kann am längsten in der Abfahrtshocke fahren (z.B. auf einem Ziehweg)?

Fuchsjagd

Spielidee:
Ein Spieler, der Fuchs, startet mit einem Vorsprung von 5 Minuten in ein vorher abgegrenztes Gebiet. Ziel der Gruppe ist es, den Fuchs mit einem Schneeball abzuwerfen. Er darf allerdings nicht getroffen werden, wenn er im Lift ansteht, liftet oder gerade aus dem Lift aussteigt.

Spielerzahl:
ab 4
Material:
einen Plan des Skigebiets mit dem markierten Spielfeld für den Fuchs und die Gruppe
Ort:
Skigebiet
Zeit:
30 Minuten

Skilift

Spielidee:
Der Spielleiter fährt als erster mit einem Schlepplift hoch und verteilt während der Fahrt Bierdeckel. Die nachfolgenden Fahrer müssen so viele Bierdeckel wie möglich aufheben. Wer hat am Ende die meisten?
Die Reihenfolge im Lift sollte nach jedem Durchgang gewechselt werden.

Spielerzahl:
ab 2
Material:
für jeden Spieler mindestens 5 Bierdeckel
Ort:
Schlepplift
Zeit:
abhängig von der Dauer der Liftfahrt
Variation:
Im Ankerlift sollen beide Partner so viele Kleidungsstücke wie möglich tauschen.

Vier-Schanzen-Tournee

Spielidee:
Die Spieler suchen oder bauen verschiedene Schanzen und probieren verschiedene Sprünge aus. Anschließend bewertet eine Jury die Sprünge nach Weite, Originalität und Haltung in der Luft. Wer hat am Ende die höchste Punktzahl?

Spielerzahl:
ab 3

Material:
Skier (und Skistöcke) für jeden Spieler

Ort:
Schanze

Zeit:
ab 30 Minuten

Foto: Pixelio

Orientierungsfahrt

Spielidee:
Es werden 4er- bis 6er-Gruppen gebildet. Auf einer Karte sind Lifte markiert. Diese müssen die Gruppen in beliebiger Reihenfolge anfahren und dazu Fragen beantworten, z.B. wie viele Masten hat der Lift, wie viele Sessel, wie heißt der an diesem Tag Verantwortliche, wann wurde der Lift gebaut oder was steht am Ausstieg. Es wird eine Uhrzeit vereinbart, zu der alle Mannschaften am Treffpunkt sein müssen. Für jede richtig beantwortete Frage gibt es einen Punkt, für jede Minute Verspätung gibt es einen Punkt Abzug. Wer hat am Ende die meisten Punkte.

Spielerzahl:
ab 8

Material:
einen markierten Plan des Skigebiets und einen Fragebogen für jede Mannschaft

Ort:
Skigebiet

Zeit:
ab 45 Minuten

Kein Sturz mehr

Spielidee:
Jede Gruppe würfelt mit 2 oder 3 Würfeln vor Beginn des Kurses, wie viele Stürze insgesamt am Tag innerhalb der Gruppe erlaubt sind. Für jeden weiteren Sturz muss die gesamte Gruppe eine Zusatzaufgabe absolvieren.

Spielerzahl:
ab 4
Material:
Skier und Skistöcke für jeden Spieler
Ort:
Skigebiet
Zeit:
ab 3 Stunden

Staffeln

Ablegen und Einsammeln
Umkehrstaffel

Spielidee:
Mehrere Mannschaften spielen gegeneinander. Die Startfahrer legen auf dem Hinweg an der ersten Markierung die Stöcke ab, an der zweiten den rechten Ski, an der dritten den linken Ski, laufen um die vierte Markierung herum und ziehen auf dem Rückweg alles wieder an. Anschließend schlagen sie den nächsten Starter ab.

Spielerzahl:
ab 4
Material:
für jeden Spieler Skier und Skistöcke
Ort:
Ebene
Zeit:
ab 5 Minuten

Abfahren und Aufsteigen

Spielidee:
2 oder mehr Mannschaften fahren gegeneinander. Der erste Fahrer jeder Mannschaft fährt um 4 bis 5 Slalomstangen oder andere Markierungen und steigt mit Grätenschritten anschließend die Strecke wieder hinauf, um den nächsten Fahrer abzuschlagen.

Spielerzahl:
ab 4
Material:
Skier und Skistöcke für jeden Spieler, 4 - 5 Skistöcke als Slalomstangen für jede Mannschaft
Ort:
Hang
Zeit:
ab 5 Minuten
Variationen:
- Zuerst aufsteigen, dann abfahren
- Ohne Aufsteigen: ist der erste Fahrer durch das Ziel gefahren, darf der zweite starten.

Schlitten

Ein Schlitten besteht normalerweise aus einem Gestell aus Eschen- oder Buchenholz und 2 eisenbeschlagenen Kufen. Mit einer Schnur wird er gezogen. Der Schlittenfahrer drückt die Füße gegen den Untergrund um zu lenken. Drückt er mit dem linken Fuß, fährt der Schlitten eine Linkskurve. Alternativen zum Schlitten sind Airboards, Autoreifen, Rodelteller, Plastiktüten oder Müllsäcke oder Plastikbobs.

Zum Rodeln geeignet ist ein Hang, der einen langen Auslauf oder einen Gegenhang hat, ohne Bäume, Steine, kreuzende Straßen oder Fußgänger. Es sollte klar festgelegt und getrennt werden, wo hinab gefahren wird und wo der Schlitten wieder hinaufgezogen wird.

Spiel- und Übungsformen alleine

Am Hang

1. Fahren im Sitzen, gelenkt wird mit den Füßen.
2. Fahren in der Rückenlage: gelenkt wird mit den Füßen.
3. Fahren in der Bauchlage, gelenkt wird mit den Füßen oder Händen.
4. Auf der Abfahrt wechseln zwischen Sitz und Bauchlage.
5. Bremsen, indem man den Schlitten vorne hoch zieht und sich aufrichtet in den Sitz.
6. Bremsen, indem man die Beine sehr stark gegen die Fahrtrichtung stemmt

7. Start durch Anschieben des Schlittens und anschließendes darauf Werfen in die Bauchlage.
8. Starten im Sitzen durch Anschieben mit den Füßen oder Händen.
9. Abfahren und dabei versuchen, Gegenstände einzusammeln.
10. Abfahren und bei der Fahrt einen Ball hochwerfen und auffangen.
11. Abfahren und während der Fahrt Schneebälle auf Ziele werfen.
12. Slalom fahren.

Spiel- und Übungsformen zu zweit

In der Ebene

1. Den Partner ziehen und schieben.
2. Surfen im Stehen, der Partner zieht.
3. Schlittenziehen: A und B sitzen mit den Rücken zueinander auf ihren Schlitten und versuchen, den Partner über eine bestimmte Markierung zu drücken oder die Partner sitzen sich frontal gegenüber, fassen sich an und versuchen, den Partner über eine Linie zu ziehen.

Am Hang

Zu zweit auf einem Schlitten fahren:
1. Partner A sitzt auf dem Schlitten und Partner B steht auf den Kufen,
2. Partner A liegt auf dem Schlitten und Partner B sitzt auf ihm,
3. beide Partner sitzen hintereinander auf dem Schlitten,
4. Partner A sitzt rückwärts und Partner B vorwärts,
5. Partner A fährt mit geschlossenen oder verbunden Augen, Partner B sitzt hinter oder vor ihm und lenkt den Schlitten,
6. beide Partner liegen auf dem Schlitten übereinander,
7. Partner A sitzt auf dem Schlitten, Partner B steht dahinter auf dem Schlitten und hält sich an den Schultern fest.

Paarweise auf 2 Schlitten fahren:
1. Beide Partner fahren in Bauchlage, der Hintermann hält sich an den Füßen des Vordermanns fest – als Variation bekommt der Vordermann die Augen verbunden,
2. beide Partner fahren nebeneinander und werfen sich einen Ball zu,
3. beide Partner fahren nebeneinander mit Handfassung und beschleunigen den anderen durch Schleudern,
4. der Vordermann fährt im Sitzen, der Hintermann hält sich am Schlitten des Vordermanns fest und fährt in der Bauchlage,
5. beide Schlitten werden hintereinander gebunden.

Spiele und Spielformen in der Ebene

Troika

Spielidee:
Ein Spieler sitzt auf seinem Schlitten oder steht auf den Kufen und wird von 2 Läufern gezogen.

Spielerzahl:
ab 3

Material:
pro Gruppe ein Schlitten

Ort:
Ebene

Zeit
ab 3 Minuten

Variationen:
Als Wettrennen oder Staffelform möglich. Schlittenhundrennen: 4 Spieler werden vor 2 Schlitten gespannt.

Wer gleitet am weitesten?

Spielidee:
Alle Spieler gehen paarweise zusammen. Ein Spieler sitzt oder liegt auf dem Schlitten, sein Partner schiebt ihn in einem vorgegebenen Beschleunigungsstreifen an und lässt ihn dann los. Welcher Spieler gleitet am weitesten? Anschließend werden die Rollen getauscht.

Spielerzahl:
ab 4

Material:
für jedes Paar einen Schlitten

Ort:
Ebene

Zeit:
ab 3 Minuten

Variation:
- Der Partner zieht.
- Alleine: Alle Spieler schieben ihren Schlitten im Beschleunigungsstreifen an und werfen sich anschließend auf den Schlitten.

Wettrodeln mit einem Skistock

Spielidee:
Die Fahrer stehen auf dem Schlitten und dürfen sich mit einem Skistock anschieben. Wer ist auf diese Weise am schnellsten in Ziel?

Spielerzahl:
ab 2

Material:
für jeden Spieler einen Schlitten und einen Skistock

Ort:
Ebene

Zeit:
ab 3 Minuten

Variationen:
Mit 2 Skistöcken im Sitzen fahren.
Zu zweit auf einem Schlitten: Jeder Partner hat einen Skistock.

6-Tage-Rennen

Spielerzahl:
2 Mannschaften mit jeweils mindestens 5 Spielern fahren gegeneinander. Alle 4 Ecken eines Spielfeldes werden von beiden Mannschaften gleichmäßig besetzt. Die Startecken beider Mannschaften liegen diagonal gegenüber. Hier müssen 2 Spieler der Startmannschaft stehen. Beide Startfahrer fahren so schnell wie möglich bis zur nächsten Ecke und schlagen dort den nächsten Spieler ab. Das Rennen ist beendet, wenn eine Mannschaft eingeholt wird oder ein Schlusssignal ertönt. Sieger ist die Mannschaft, die mehr gefahren ist.

Spielerzahl:
ab 10

Material:
Spielfeld mit 4 Ecken, einen Schlitten für jeden Spieler

Ort:
Eisfläche

Zeit:
ab 5 Minuten

Hütchen klauen

Spielidee:
Alle Spieler fahren mit einem Hütchen auf dem Schlitten durch das Feld. Ziel ist es, sein eigenes Hütchen zu beschützen und andere Hütchen zu klauen. Wer hat am Ende die meisten Hütchen?

Spielerzahl:
ab 4

Material:
für jeden Spieler einen Schlitten und ein Hütchen

Ort:
Ebene

Zeit:
ab 5 Minuten

Spiele am Hang

Wer ist am schnellsten unten?

Spielidee:
Alle Spieler stehen mit ihren Schlitten nebeneinander mit ausreichendem Abstand zum Nebenmann. Auf ein Kommando des Spielleiters starten alle gemeinsam. Wer ist zuerst im Ziel? Die Fahrweise ist beliebig. Ist die Spielerzahl zu groß, wird in mehreren Durchgängen gefahren.

Spielerzahl:
ab 2
Material:
für jeden Spieler einen Schlitten
Ort:
Hang
Zeit:
ab 5 Minuten
Variationen:
- Die Fahrposition wird vorgegeben: 2 Spieler fahren auf einem Schlitten oder 2 oder mehrere Schlitten fahren als Kette hintereinander.
- Wer kommt am weitesten?

Wer schafft die längste Kette?

Spielidee:
Ziel ist es, mit möglichst vielen Schlitten hintereinander als Kette den Hang hinunter zu fahren. Die Kette darf unterwegs nicht reißen. Wer schafft die längste Kette?

Spielerzahl:
ab 10
Material:
für jeden Spieler einen Schlitten
Ort:
Hang
Zeit:
ab 3 Minuten
Variationen:
- Die Schlitten werden zusammengebunden.
- Die Fahrer müssen immer abwechselnd vorwärts und rückwärts fahren.

Bärentanz

Spielidee:
Der Spielleiter steht für alle gut sichtbar am Ende des Hangs. Er zeigt mit den Armen nach rechts und links, um so die Richtung anzugeben, in die die Spieler fahren sollen. Auf das Zeichen „bremsen" gilt es, so schnell wie möglich anzuhalten.

Spielerzahl:
ab 4
Material:
für jeden Spieler einen Schlitten
Ort:
Hang
Zeit:
ab 3 Minuten

Ringwerfen

Spielidee:
Jeder Spieler bekommt 5 Tennisringe. Der Spielleiter verteilt am Hang mehrere Skistöcke. Ziel ist es, während der Fahrt möglichst viele Tennisringe über die Stöcke zu werfen. Wer trifft die meisten?

Spielerzahl:
ab 2
Material:
für jeden Spieler einen Schlitten, 5 Tennisringe, ca. 10 Skistöcke
Ort:
Hang
Zeit:
ab 5 Minuten

Schlangenslalom

Spielidee:
Mit Skistöcken oder Mützen, Schals und Handschuhen wird ein Slalom markiert. Alle Spieler einer Mannschaft legen sich auf den Bauch und halten sich mit den Händen an den Schuhen des Vordermanns fest. Auf ein Startkommando versuchen sie, so schnell wie möglich als Kette durch den Slalom zu fahren. In der Schlange können nur Vorder- und Hintermann lenken. Reißt die Kette, wird die Mannschaft disqualifiziert. Wer schafft die schnellste Zeit?

Spielerzahl:
ab 8
Material:
für jeden Spieler einen Schlitten, Skistöcke oder Mützen zu Markieren des Slaloms
Ort:
Hang
Zeit:
ab 5 Minuten
Variation:
Ohne Zeit: Wer erreicht komplett das Ziel?

Staffeln

Staffel am Hang mit Hochlaufen

Spielidee:
2 oder mehr Mannschaften spielen gegeneinander. Die Startfahrer rodeln beliebig den Hang hinunter bis zu einer vorgegebenen Markierung. Anschließend laufen sie mit dem Schlitten den Berg wieder hinauf und übergeben den Schlitten an den nächsten Fahrer.

Spielerzahl:
ab 4
Material:
für jede Mannschaft einen Schlitten
Ort:
kurzer Hang
Zeit:
ab 5 Minuten
Variation:
Es wird zu zweit auf einem Schlitten gefahren.

Schlittenübergabe

Spielidee:
Es werden mehrere Mannschaften mit 4 bis 6 Spielern gebildet. Die Fahrer einer Mannschaft verteilen sich gleichmäßig auf dem Hang. Auf ein Startkommando starten die obersten Fahrer und übergeben an den weiter unten wartenden zweiten Spieler den Schlitten. Wird ein Fahrer ausgelassen, muss die Mannschaft disqualifiziert werden.

Spielerzahl:
ab 8
Material:
für jede Mannschaft einen Schlitten
Ort:
Hang
Zeit:
ab 5 Minuten

Zubringerstaffel

Spielidee:
2 oder mehr Mannschaften spielen gegeneinander. Die Startspieler starten unten, alle anderen Spieler warten oben. Auf ein Startsignal laufen die Startspieler mit ihrem Schlitten den Hang hinauf, holen den ersten wartenden Fahrer ab und fahren mit ihm gemeinsam den Hang hinunter. Unten angekommen bleibt der Startfahrer stehen und sein Partner läuft den Hang hinauf, um den nächsten wartenden Spieler abzuholen. Welche Mannschaft ist zuerst komplett im Ziel?

Spielerzahl:
ab 8
Material:
für jeden Mannschaft einen Schlitten
Ort:
Hang
Zeit:
ab 5 Minuten

Dauerrodeln

Spielidee:
2 oder mehr Mannschaften spielen gegeneinander. Jede Mannschaft besteht aus 4 oder mehr Spielern. Alle Spieler starten auf ein Signal gemeinsam (wenn der Hang breit genug ist) oder nacheinander oben an der Startlinie. Sind die Spieler unten im Ziel angekommen, können sie entscheiden, wer den Berg hoch läuft und die nächste Fahrt macht und wer unten zunächst pausiert. Mindestens ein Spieler jeder Mannschaft muss immer unterwegs sein. Ziel ist es, in 10 oder 15 Minuten als Mannschaft möglichst viele Abfahrten zu machen.

Spielerzahl:
ab 8
Material:
für jeden Spieler einen Schlitten
Ort:
Hang
Zeit:
10 oder 15 Minuten
Variation:
In Paaren auf einem Schlitten..

Schlittschuhe

Man unterscheidet Kunstlauf-Schlittschuhe, Eishockey-Schlittschuhe und Eisschnelllauf-Schlittschuhe.
Kunstlauf-Schlittschuhe werden bis zu den Waden hoch geschnürt, haben 3 bis 4mm dicke Stahlkufen mit Hohlschliff und einer leichten Krümmung in Längsrichtung. An der vorderen Spitze befinden sich gezackte Ränder zum Abspringen.

Eishockey-Schlittschuhe werden über das Fußgelenk geschnürt und haben einen zusätzlichen Fersen- und Achillessehnen-Schutz. Die hohl geschliffenen Stahlkufen sind 5mm dick und haben eine leichte Krümmung in Längsrichtung.
Eisschnelllauf-Schlittschuhe werden unterhalb des Fußgelenks geschnürt. Die Stahlkufen sind 38-45cm lang und 1,3 bis 1,5mm dick. Die Spitze ist gerundet und das hintere Ende von oben schräg nach hinten abfallend.

Spiel- und Übungsformen alleine

1. Abstoßen von der Bande und gleiten. Als Variationen rückwärts, mit beidbeinigen Bögen und auf einem Bein gleiten
2. Rollern: Nur mit einem Bein Schwung geben vorwärts und rückwärts.
3. In der Hocke gleiten vorwärts und rückwärts.
4. Fallen: in der Hocke gleiten, die Arme nach vorne strecken, sich nach hinten fallen lassen ohne die Hände aufzusetzen und so weiterrutschen.
5. Bremsen: Bei der Schneepflugbremse werden wie beim Skifahren die Beine auseinander gedrückt während die Zehen zueinander zeigen.
6. Hockey-Stopp: ähnlich wie beim seitlichen Abschwingen beim Skifahren: die Knie werden leicht gebeugt und durch eine halbe Drehung wird das Abbremsen eingeleitet.
7. Zwerg und Riese: abwechselnd während des Gleitens in die Hocke gehen und sich ganz groß machen
8. Mit den Händen auf dem Rücken vorwärts und rückwärts fahren.
9. Sanduhr fahren vorwärts und rückwärts.
10. Vorwärts und rückwärts übersetzen in beide Richtungen.
11. Vorwärts gleiten, eine halbe Drehung machen und rückwärts weiter gleiten (auch umgekehrt)

12. Pistole: In der Hocke gleiten und ein Bein gerade nach vorne anheben.
    Variationen: Auch paarweise hintereinander mit Handfassung oder alleine Slalom fahren.
13. Fechter: Während des Gleitens einen Ausfallschritt nach vorne machen, das hintere Bein gestreckt auf der Innenseite hinterher schleifen lassen.
14. Storch: auf einem Bein gleiten, den Fuß des anderen Beins in die Kniekehle des Standbeins drücken

15. Flieger: in der Standwaage gleiten
16. Froschsprung: in die Hocke gehen, aus der Hocke mit beiden Beinen über die Zacken abspringen und mit den Beinen wieder in der Hocke landen.

17. Laufsprung
    - das rechte Bein schwingt von hinten nach vorne. Wenn es vor dem Körper ist, von der linken Zacke abspringen. Anschließend auf der rechten Zacke landen. Bei Eishockeyschlittschuhen erfolgen Absprung und Landung auf der ganzen Kufe.
18. Aus dem vorwärts Gleiten eine halbe Drehung springen.
19. Aus dem rückwärts Gleiten eine halbe Drehung springen.
20. Während der Fahrt einen Luftballon hochspielen.
21. Malen: Mit den Schlittschuhen Zahlen, Buchstaben oder andere Symbole auf das Eis malen.

Spiel- und Übungsformen zu zweit

1. Partner A schiebt Partner B vorwärts vor sich her.
2. Partner A hat ein Seilchen um den Bauch. An den Enden hält Partner B sich fest und wird gezogen.
3. Partner A schiebt Partner B in der Hocke vorwärts vor sich her.
4. Partner A schiebt Partner B rückwärts vor sich her, die Handflächen sind gegeneinander gerichtet.
5. Partner A fährt rückwärts und zieht Partner B, der vorwärts fährt.
6. Partner A und B fahren nebeneinander, die Hände überkreuz angefasst. Nach jeweils 2 Schritten machen beide eine halbe Drehung und fahren vorwärts oder rückwärts weiter.
7. Blindenführer: Partner A schiebt oder zieht seinen Partner, der die Augen geschlossen oder verbunden hat.
8. Pistole: Paarweise hintereinander mit Handfassung in der Hocke gleiten und ein Bein gerade nach vorne schieben.
9. Fechter: Synchron nebeneinander angefasst fahren und während des Gleitens einen Ausfallschritt nach vorne machen, dabei das hintere Bein gestreckt auf der Innenseite hinterher schleifen lassen.

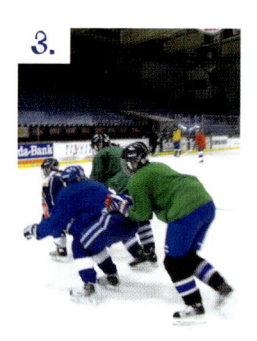

Spiele und Spielformen in der Gruppe

Partnerwechsel

Spielidee:
Alle Spieler fahren mit einem Partner im Feld umher. Sobald sich 2 Paare begegnen, wird der Partner gewechselt.

Spielerzahl:
ab 8
Material:
Schlittschuhe für jeden Spieler
Ort:
Eisfläche
Zeit:
ab 3 Minuten

Dreierfahrt

Spielidee:
Es werden Dreiergruppen gebildet. Die Spieler haken sich ein oder fassen sich an. Der mittlere Spieler fährt rückwärts, die beiden äußeren Spieler vorwärts.

Spielerzahl:
ab 3
Material:
Schlittschuhe für jeden Spieler
Ort:
Eisfläche
Zeit:
ab 3 Minuten
Variation:
Der mittlere Spieler schließt die Augen.

Rad

Spielidee:
2 Spielerreihen stehen sich hintereinander gegenüber, die beiden innersten Spieler fassen sich an. Beide Reihen drehen sich im Kreis. Wer kann die andere Mannschaft einholen?

Spielerzahl:
ab 6
Material:
Schlittschuhe für jeden Spieler
Ort:
Eisfläche
Zeit:
ab 3 Minuten

Stern

Spielidee:
Spieler A, B, C, D bilden ein Kreuz und fahren im Kreis.

Spielerzahl:
4
Material:
für jeden Spieler Schlittschuhe
Ort:
Eisfläche
Zeit:
ab 3 Minuten
Variation:
Jeder der 4 Spieler hat noch einen Spieler als Anhänger.

Schlitten

Spielidee:
3 Spieler bilden einen „Schlitten": Der erste Spieler fährt tief in der Hocke, der zweite Spieler hält sich an den Schultern fest, der dritte Spieler hält sich an der Hüfte fest und schiebt den Schlitten an.

Spielerzahl:
ab 3
Material:
Schlittschuhe für jeden Spieler
Ort:
Eisfläche
Zeit:
ab 3 Minuten

Mühle

Spielidee:
Ein Spieler bleibt in der Mitte am Ort stehen. Er fasst 2 andere Spieler an dreht sie um sich herum.

Spielerzahl:
3
Material:
für jeden Spieler Schlittschuhe
Ort:
Eisfläche
Zeit:
ab 1 Minute

Wer kommt am weitesten?

Spielidee:
Alle Spieler stoßen sich von der Bande ab und gleiten. Wer kommt am weitesten?

Spielerzahl:
ab 2

Material:
Schlittschuhe für jeden Spieler

Ort:
Eishalle

Zeit:
ab 3 Minuten

Variationen:
- Rückwärts oder auf einem Bein gleiten.
- Wer landet genau in einem vorgegebenen Ziel?
- Wer gleitet nach einer halben Drehung am weitesten rückwärts?

Pantomime

Spielidee:
Alle Spieler fahren wie ein bestimmtes Tier, ein Sportler oder eine Person.

Spielerzahl:
ab 4

Material:
für jeden Spieler Schlittschuhe

Ort:
Eisfläche

Zeit:
ab 5 Minuten

Variation:
Zur Musik fahren.

Autospiel

Spielidee:
Jeder Spieler stellt sich vor, dass er ein Auto ist und verschiedene Gänge hat, mit denen man unterschiedlich schnell fahren kann. Der Spielleiter sagt verschiedene Gänge an, die Spieler verändern dementsprechend ihr Tempo. Im Rückwärtsgang wird natürlich rückwärts gefahren.

Spielerzahl:
ab 4

Material:
für jeden Spieler Schlittschuhe

Ort:
Eisfläche

Zeit:
ab 3 Minuten

Figuren malen

Spielidee:
2 Mannschaften spielen gegeneinander. Mannschaft A fährt hintereinander (der Hintermann fasst seinen Vordermann an der Taille an) und malt eine Zahl, einen Buchstaben oder ein Symbol auf das Eis. Mannschaft B muss erraten, was gemalt wurde.

Spielerzahl:
ab 10
Material:
Schlittschuhe für jeden Spieler
Ort:
Eisfläche
Zeit:
ab 5 Minuten
Variation:
Der Spielleiter gibt Zahlen, Buchstaben oder Symbole vor. Diejenige Mannschaft, die sie zuerst erkennbar auf das Eis malt, bekommt einen Punkt.

Postbeförderung

Spielidee:
5 bis 10 „Briefkästen" (Kartons) werden mit Nummern oder Adressen markiert und an der Bande aufgehängt oder, wenn keine Bande vorhanden ist, im Spielfeld verteilt. Jeder Spieler bekommt 20 bis 40 „Briefe" in Form von Bierdeckeln, Kronkorken oder alten Tennisbällen, die mit entsprechenden Nummern oder Adressen versehen sind. Diese Briefe werden in einem Depot gelagert. Es darf pro Fahrt immer nur ein Brief zugestellt werden. Danach müssen die Fahrer wieder zu ihrem Depot zurück fahren und einen neuen Brief holen. Welcher Spieler hat zuerst alle Briefe ausgetragen?

Spielerzahl:
ab 2
Material:
5 bis 10 Kartons als Briefkästen mit Adresse oder Hausnummer, für jeden Spieler 20 bis 40 Bierdeckel mit Adresse oder Hausnummer und Schlittschuhe
Ort:
Eisfläche
Zeit:
abhängig von der Zahl der zuzustellenden Briefe

Nummernwettlauf

Spielidee:
Es werden 3er- bis 7er-Mannschaften gebildet und durchnummeriert, die sich jeweils entweder an den Ecken aufstellen oder sich bei mehr als 4 Mannschaften kreisförmig anordnen. Der Spielleiter ruft eine Nummer, alle Spieler mit der entsprechenden Nummer umrunden das Spielfeld und versuchen, so schnell wie möglich wieder auf ihrem Platz zu stehen. Wer als erster ankommt, bekommt einen Punkt für sein Team. Die Mannschaft mit der höchsten Gesamtpunktzahl ist am Ende Sieger.

Spielerzahl:
ab 12
Material:
für jeden Spieler Schlittschuhe
Ort:
Eisfläche
Zeit:
ab 10 Minuten
Variation:
Der Spielleiter ruft eine Doppelnummer, z.B. 32, oder „alle Zahlen von 2 bis 5", „alle" oder er stellt eine Rechenaufgabe.

Ausscheidungsrennen

Spielidee:
Alle Spieler starten gemeinsam in einen Rundkurs, nach jeder Runde scheidet der letzte Fahrer aus.

Spielerzahl:
ab 4
Material:
Schlittschuhe für jeden Spieler
Ort:
Eisfläche
Zeit:
ab 5 Minuten
Variationen:
- Immer nach 2 bis 5 Runden scheidet der letzte Fahrer aus.
- Wer als letzter die Ziellinie überquert, bekommt einen Strafpunkt, darf aber weiter fahren. Erst bei 3 bis 5 Strafpunkten scheidet man aus.

Ochs am Berge 1, 2, 3

Spielidee:
Ein Spieler steht auf der gegenüberliegenden Seite mit dem Rücken zur Gruppe. Alle anderen Spieler bewegen sich solange auf diesen Spieler zu, bis er „Ochs am Berge 1, 2, 3" ruft und sich blitzschnell umdreht. Wer sich dann noch bewegt, wird wieder zurück zur Startlinie geschickt.
Wichtig: Es sollte nicht diskutiert werden, ob man sich bewegt hat oder nicht. Der sich umdrehende Spieler entscheidet!

Spielerzahl:
ab 6
Material:
für jeden Spieler Schlittschuhe
Ort:
Eisfläche
Zeit:
ab 5 Minuten

6-Tage-Rennen

Spielidee:
2 Mannschaften mit jeweils mindestens 5 Spielern fahren gegeneinander. Alle 4 Ecken eines Spielfeldes werden von beiden Mannschaften gleichmäßig besetzt. Die Startecken beider Mannschaften liegen diagonal gegenüber. Hier müssen 2 Spieler der Startmannschaft stehen. Beide Startfahrer fahren so schnell wie möglich bis zur nächsten Ecke und schlagen dort den nächsten Spieler ab. Das Rennen ist beendet, wenn eine Mannschaft eingeholt wird oder ein Schlusssignal ertönt. Sieger ist dann die Mannschaft, die mehr gefahren ist.

Spielerzahl:
ab 10
Material:
Spielfeld mit 4 Ecken, Schlittschuhe für jeden Spieler
Ort:
Eisfläche
Zeit:
ab 5 Minuten

Reise nach Jerusalem

Spielidee:
Alle Spieler fahren im Feld umher. Auf Pfiff des Spielleiters müssen alle Spieler so schnell wie möglich in einen Bullykreis fahren. Der Spielleiter gibt jedes Mal vor, wie viele Spieler sich in einem Kreis befinden dürfen. Wer keinen Platz bekommt, muss eine Strafrunde laufen.

Spielerzahl:
ab 8
Material:
für jeden Spieler Schlittschuhe
Ort:
Eishalle
Zeit:
ab 5 Minuten

Luftballonspiel

Spielidee:
Jeder Spieler hat einen Luftballon, den er beim Fahren in der Luft halten muss. Ein Fahrer hat keinen Luftballon. Seine Aufgabe ist es, einen Luftballon zu erobern.

Spielerzahl:
ab 6
Material:
Schlittschuhe für jeden Spieler
Ort:
Eisfläche
Zeit:
ab 5 Minuten

Schwarz-Weiß

Spielidee:
Immer 2 Spieler stellen sich in Gassenaufstellung so gegenüber auf, dass sich ihre Fingerspitzen bei ausgestreckten Armen berühren. Eine Seite ist schwarz, die andere weiß. Ruft der Spielleiter das Kommando „schwarz", flüchten alle Spieler der schwarzen Mannschaft schnell über eine Linie vor ihrer Hallenwand, um nicht von den „Weißen" gefangen (berührt) zu werden. Jede Gefangennahme gibt einen Punkt für den Fänger oder der Gefangene wechselt in die gegnerische Gruppe und wechselt die Farbe.

Spielerzahl:
ab 8

Material:
Schlittschuhe für jeden Spieler

Ort:
Eishalle

Zeit:
ab 5 Minuten

Variationen:
- Gerade und ungerade: Der Spielleiter stellt Rechenaufgaben und das Ergebnis entscheidet, wer Fänger und wer Gejagter wird.
- Schnick-Schnack-Schnuck: Jedes sich gegenüberstehende Paar spielt für sich, der Sieger fängt, der Verlierer flüchtet.
- Die Startposition verändern: mit dem Rücken zum Gegner, sitzen oder liegen
- Der Spielleiter erzählt eine Geschichte, in der die Worte „schwarz" und weiß" vorkommen. Fällt der entsprechende Begriff, flüchtet die genannte Seite.
- Für jede falsche Reaktion gibt es einen Minuspunkt.
- Es wird ohne Punkte gespielt.

Plumpsack

Spielidee:
Alle Spieler bilden einen Kreis. Ein Spieler, der Plumpsack, fährt um diesen Kreis und lässt nach kurzer Zeit einen weichen Gegenstand (Tuch, Socke, Mütze oder Handschuh) hinter einem der Kreisspieler fallen. Dieser hebt den Gegenstand schnell auf und versucht, den Plumpsack zu fangen. Der Plumpsack ist in Sicherheit, wenn er den Platz des Kreisspielers erreicht, ohne gefangen zu werden. In diesem Fall wird der neue Kreisspieler Plumpsack. Wird der Plumpsack gefangen, bleibt er weiter Plumpsack.
Wichtig: Der jeweilige Plumpsack muss den Gegenstand schnell fallen lassen, damit es zu keinen langweiligen Wartezeiten kommt. Besonders interessant wird das Spiel, wenn der Kreisspieler den Gegenstand schon fallen lässt, während er den Plumpsack fängt.

Spielerzahl:
ab 6

Material:
Schlittschuhe für jeden Spieler, ein weicher Gegenstand

Ort:
Eisfläche

Zeit:
ab 5 Minuten

Ziehkampf

Spielidee:
4 bis 8 Spieler fassen sich an und bilden einen Kreis. In der Mitte des Kreises liegen 1 bis 3 Eishockeypucks. Ziel ist es, so zu ziehen, dass ein anderer Spieler einen Puck mit dem Schlittschuh berührt. Er bekommt einen Strafpunkt und das Spiel geht weiter. Die Schlittschuhe dürfen dabei nicht nagehoben werden. Wer hat am Ende die wenigsten Minuspunkte?

Spielerzahl:
ab 4
Material:
für jede Gruppe 1 - 3 Eishockeypucks, für jeden Spieler Schlittschuhe
Ort:
Eisfläche
Zeit:
ab 3 Minuten

Fernsteuerung

Spielidee:
Alle Spieler gehen in paarweise zusammen. Ein Partner ist der Mechaniker. Seine Aufgabe ist es, den anderen Spieler zu lenken: Berührt er die rechte Schulter des Fahrers, muss dieser eine 90° Kurve nach rechts fahren. Berührt er die linke Schulter, fährt er eine 90° Kurve nach links. Macht der Mechaniker nichts, fährt er immer geradeaus. Der Mechaniker muss Zusammenstöße sowohl mit anderen Fahrern verhindern als auch mit den Banden.

Spielerzahl:
ab 6
Material:
für jeden Spieler Schlittschuhe
Ort:
Eisfläche
Zeit:
ab 5 Minuten
Variation:
Es werden Dreiergruppen gebildet. 2 Spieler sind Fahrer, der dritte ist der Mechaniker. Beide Fahrer starten mit dem Rücken zueinander in genau unterschiedliche Richtungen. Aufgabe des Mechanikers ist es, einerseits beide Fahrer so zu lenken, dass es keine Zusammenstöße gibt, andererseits aber auch so zu steuern, dass sie nach einiger Zeit frontal voreinander stehen.

Feuer, Wasser, Blitz

Spielidee:
Alle Spieler fahren im Feld umher. Der Spielleiter ruft „Feuer", „Wasser" oder „Blitz". Auf diese Kommandos müssen alle Spieler so schnell wie möglich vorgegebene Aufgaben erfüllen:
„Blitz":
Aus der Hocke nach hinten fallen lassen
„Wasser":
bremsen
„Feuer":
zu einer vorgegebenen Wand oder Linie fliehen
Wer als letzter die jeweilige Aufgabe erfüllt, bekommt einen Strafpunkt. Wer hat am Ende die wenigsten Strafpunkte? Die Aufgaben können natürlich beliebig abgeändert werden.

Spielerzahl:
ab 6
Material:
Schlittschuhe für jeden Spieler
Ort:
Sporthalle, Schulhof oder Parkplatz
Zeit:
ab 5 Minuten
Variation:
Der Spielleiter kann eine Geschichte erzählen oder vorlesen, in der 3 oder mehr vorher ausgewählte Begriffe vorkommen, für die entsprechende Aufgaben festgelegt werden, z.B. „Familie": zu viert zusammen fahren, „Ehepaar": zu zweit zusammen fahren, „Eis": in der Bewegung einfrieren.

Gegenstände transportieren

Spielidee:
2 oder mehrere Mannschaften spielen gegeneinander. Jede Mannschaft hat gleich viele Gegenstände hinter ihrer Startlinie liegen. Ziel ist es, so viele Gegenstände wie möglich auf die gegenüber liegende Seite zu transportieren. Alle Spieler fahren, dürfen allerdings jeweils nur einen Gegenstand pro Lauf transportieren. Welche Mannschaft hat nach Ablauf der Zeit die meisten Gegenstände transportiert? Oder: welche Mannschaft hat zuerst alle Gegenstände auf die andere Seite transportiert?

Spielerzahl:
ab 12
Material:
Schlittschuhe und 5 - 20 Gegenstände für jeden Spieler
Ort:
Eisfläche
Zeit:
ab 5 Minuten
Variation:
Immer 2 Mannschaften stehen sich gegenüber. Jede Mannschat hat zu Beginn des Spiels gleich viele Gegenstände auf ihrer Seite. Ziel ist es, bei Spielende weniger Gegenstände zu haben als der Gegner auf der anderen Seite.

Fangspiele

Fangen

Spielidee:
Es gibt 2 bis 4 gekennzeichnete Fänger. Alle Spieler fahren vorwärts. Wer gefangen wurde, muss rückwärts weiter fahren. Wie lange dauert es, bis alle Gejagten rückwärts fahren?

Spielerzahl:
ab 6

Material:
für jeden Spieler Schlittschuhe, Kennzeichnung für die Fänger

Ort:
Eishalle

Zeit:
ab 5 Minuten

Variation:
Alle Spieler fahren rückwärts, lediglich die gekennzeichneten Fänger dürfen vorwärts fahren mit den Händen auf dem Rücken. Abschlagen können sie dadurch nur mit den Schultern oder Armen.

Paarfangen

Spielidee:
2 Spieler fassen sich an. Sie sind Fänger und versuchen, möglichst viele andere Spieler abzuschlagen. Alle anderen Spieler sind Gejagte. Sie fahren einzeln im Spielfeld umher. Wer gefangen wurde, wartet, bis ein zweiter Spieler abgeschlagen wurde und bildet mit ihm ein weiteres Fängerpaar.

Spielerzahl:
ab 10

Material:
Schlittschuhe für jeden Spieler

Ort:
Eisfläche

Zeit:
ab 3 Minuten

Variation:
Alle Spieler bilden Paare. Je nach Spielerzahl werden 2 bis 4 Paare als Fänger gekennzeichnet. Wenn ein Paar gefangen wurde, löst es das Fängerpaar ab.

Kettenfangen

Spielidee:
Zu Beginn des Spiels gibt es einen Fänger. Sobald es ihm gelingt, einen Spieler zu abzuschlagen, bilden beide mit Handfassung ein Paar und versuchen so, weitere Spieler abzuschlagen. Diese schließen sich dann der Kette an. Nur die äußeren Kettenglieder dürfen abschlagen. Wenn die Kette reißt, darf nicht abgeschlagen werden. Wer zum Schluss übrig bleibt, ist Sieger.

Spielerzahl:
ab 10

Material:
Schlittschuhe für jeden Spieler

Ort:
Eisfläche

Zeit:
ab 5 Minuten

Variationen:
- Sobald eine Kette aus 4 Spielern besteht, teilt sie sich in 2 einzelne Paare.
- Zu Beginn des Spiels beginnen 2 Fänger gleichzeitig. Wer hat am Spielende die längste Kette?
- Die Kettenglieder fassen sich nicht an, sondern haken sich ein.

Hase im Kohl

Spielidee:
Zunächst werden immer Pärchen gebildet, die sich im Spielfeld verteilt aufstellen. Ein Pärchen wird aufgelöst als Katze und Maus. Bei Spielbeginn versucht die Katze, die Maus zu fangen. Diese kann sich retten, indem sie sich neben ein Pärchen stellt. Jetzt werden die Rollen getauscht: Der Spieler auf der anderen Seite dieses Pärchens wird neue Katze und die ehemalige Katze wird zur neuen Maus. Gelingt es einer Katze, eine Maus zu fangen, werden sofort die Rollen getauscht und das Spiel geht weiter.

Spielerzahl:
ab 12

Material:
Schlittschuhe für jeden Spieler

Ort:
Eisfläche

Zeit:
ab 5 Minuten

Variation:
Die Paare bleiben nicht am Ort stehen, sondern fahren langsam im Feld umher

Zauberer

Spielidee:
2 bis 5 gekennzeichnete, feste Zauberer, die Fänger, versuchen, die Gejagten durch Abschlagen zu versteinern. Versteinerte Spieler warten mit erhobenen Händen darauf, von einem Mitspieler berührt und dadurch erlöst zu werden. Sie dürfen dann als Gejagte weiter spielen. Schaffen es die Zauberer, alle Spieler zu verzaubern?
Nach 2 bis 3 Minuten übergeben die Zauberer ihre Kennung an neue Zauberer.

Spielerzahl:
ab 10
Material:
Schlittschuhe für jeden Spieler, Kennzeichnung für die Fänger
Ort:
Eisfläche
Zeit:
ab 5 Minuten
Variationen:
- Befreien durch eine vollständige Umrundung des Gefangenen.
- Selbstbefreiung, indem der Gefangene einmal das Spielfeld umrundet.

2-Felder-Fangen

Spielidee:
2 gekennzeichnete Mannschaften spielen gegeneinander. Mannschaft A ist in der linken Spielfeldhälfte, Mannschaft B in der rechten. Jeweils ein Spieler befindet sich als Fänger in der gegnerischen Hälfte. Wer gefangen wurde, wechselt als Fänger in das andere Feld.

Spielerzahl:
ab 10
Material:
Schlittschuhe für jeden Spieler, Kennzeichnung für die Fänger
Ort:
Eisfläche
Zeit:
ab 5 Minuten

Schwänzchen fangen

Spielidee:
Jeder Fahrer bekommt ein Mannschaftsband, das er sich so hinten in die Hose steckt, dass es gut zu sehen ist. Ziel jedes Spielers ist es, möglichst viele Schwänzchen der Gegenspieler zu erbeuten und sein eigenes zu sichern. Hat man ein Schwänzchen erbeutet, fährt man kurz aus dem Spielfeld, steckt sich auch das erbeutete Stück gut sichtbar in die Hose und jagt anschließend weiter. Wer nach einer vorgegebenen Zeit die meisten Schwänzchen erbeutet hat, ist Sieger.

Spielerzahl:
ab 10

Material:
Schlittschuhe, für jeden Spieler ein Mannschaftsband

Ort:
Eisfläche

Zeit:
ab 5 Minuten

Variation:
Mit Eishockeyschlägern und Pucks

Schlangenfangen

Spielidee:
Immer 2 Schlangen spielen gegeneinander. Jeweils 5 bis 12 Spieler fahren hintereinander, die Hände auf den Schultern oder an der Hüfte des Vordermanns.
Der Spielleiter bestimmt immer durch Zurufe den jeweiligen Fänger, also „Schlange 1" oder „Schlange 2". Der Vordermann der Fängerschlange versucht darauf, den Hintermann von Schlange 2 zu berühren, ohne dass die Schlange reißt. Der Spielleiter kann beliebig zu jeder Zeit den Fänger wechseln.

Spielerzahl:
ab 10

Material:
Schlittschuhe für jeden Spieler

Ort:
Eisfläche

Zeit:
ab 5 Minuten

Fischer, Fischer, wie tief ist das Wasser?

Spielidee:
Ein Spieler, der Fischer, steht auf einer Stirnseite des Feldes, alle anderen Fahrer, die Gejagten, befinden sich auf der gegenüberliegenden Stirnseite. Sie rufen: „Fischer, Fischer, wie tief ist das Wasser?" Dieser antwortet: „5, 10 oder 20 Meter tief." Die Gejagten fragen: „Wie kommen wir da herüber?" Der Fischer gibt nun die Fortbewegungsart vor: vorwärts, rückwärts, Slalom mit Kreuzen oder Sanduhr. Alle Spieler müssen in der angegebenen Fahrweise auf die andere Seite fahren, ohne vom Fischer berührt zu werden, der mit derselben Technik fahren muss. Wer gefangen wurde, wird im nächsten Durchgang zusätzlicher Fischer. Wer bleibt am Ende noch übrig?
Achtung: auf den Auslauf achten!

Spielerzahl:
ab 12
Material:
Schlittschuhe für jeden Spieler
Ort:
Eisfläche
Zeit:
ab 5 Minuten
Variation:
Fischer, Fischer, welche Fahne weht heute? Die Gruppe ruft: „Fischer, Fischer, welche Fahne weht heut?", Der Fischer antwortet: „Die rote, blaue, gelbe, gestreifte..." Das bedeutet, dass in dem folgenden Durchgang nur Spieler gefangen werden dürfen, deren T-Shirt oder Hose nicht die genannte Farbe hat.

Cowboys und Indianer

Spielidee:
Es gibt einen Innenkreis aus Fängern, den Cowboys, und einen Außenkreis aus Gejagten, den Indianern. Jeder Cowboy hat einen Gegenüber im Außenkreis. Bei Spielbeginn fahren beide Kreise mit oder ohne Handfassung in entgegengesetzte Richtungen im Kreis herum. Auf Kommando des Spielleiters lösen sich die Kreise auf und die Fänger versuchen, ihre fliehenden Partner zu fangen. Die Rollen und Partner werden immer wieder getauscht.
Achtung: es muss genügend Platz vorhanden sein!

Spielerzahl:
ab 12
Material:
Schlittschuhe für jeden Spieler
Ort:
Eisfläche
Zeit:
ab 5 Minuten

Komm mit - lauf weg

Spielidee:
Es werden 4er- bis 6er-Gruppen gebildet, die sich sternförmig aufstellen. Ein Spieler, der Gejagte, fährt um den Stern herum, tippt einen der Gruppenletzten an und ruft entweder „kommt mit" oder „lauft weg". Bei dem Kommando „kommt mit" fährt die ganze angetippte Gruppe hinterher. Wer als letzter wieder die Ausgangsposition erreicht, wird neuer Gejagter. Beim Kommando „lauft weg" fährt die angetippte Gruppe in die entgegengesetzte Richtung.
Wird der Gejagte gefangen, bekommt er einen Minuspunkt und muss erneut um den Stern fahren.

Spielerzahl:
ab 18
Material:
Schlittschuhe für jeden Spieler
Ort:
Eisfläche
Zeit:
ab 5 Minuten
Variationen:
- Alle Spieler fahren rückwärts.
- Bei kleineren Gruppen stehen alle Spieler im Kreis. Der Gejagte fährt um den Kreis, tippt einen Spieler an und ruft entweder „komm mit" oder „lauf weg".
- Die Spieler bleiben nicht auf ihrer Position stehen, sondern drehen sternförmig im Kreis weiter.

Vordermann fangen

Spielidee:
Alle Spieler stellen sich in einem Kreis auf. Die Abstände zu den Nebenleuten sind überall gleich. Nach dem Startkommando fahren alle Spieler im Kreis und versuchen, ihren Vordermann abzuschlagen. Gelingt dieses, scheidet der Abgeschlagene aus und bekommt bis zum Spielende eine Sonderaufgabe. Gespielt wird entweder auf Zeit oder der Kreis muss verkleinert wenn, wenn nur noch wenige Fahrer im Spiel sind.

Spielerzahl:
ab 5
Material:
Schlittschuhe für jeden Spieler
Ort:
Eisfläche
Zeit:
ab 5 Minuten

Spiele zum Eishockey

Puck rauben

Spielidee:
Alle Spieler führen einen Puck. 3 Spieler ohne Puck versuchen, einen anderen Puck zu erobern.

Spielerzahl:
ab 12

Material:
für jeden Spieler Schlittschuhe, einen Eishockeyschläger und Puck

Ort:
Eisfläche

Zeit:
ab 3 Minuten

Puckstaffel

Spielidee:
2 oder mehr Mannschaften spielen gegeneinander. Alle Spieler einer Mannschaft stehen hintereinander. Der vorderste Spieler hat den Puck und fährt ans Ende der Gruppe. Der Puck muss durch die gegrätschten Beine der Mitspieler bis zum Vordermann geschoben werden.

Spielerzahl:
ab 12

Material:
für jeden Spieler Schlittschuhe und Eishockeyschläger, für jede Mannschaft einen Puck

Ort:
Eisfläche

Zeit:
ab 5 Minuten

Variationen:
- Der Puck darf nur mit dem Stiel geführt werden,
- jeder Spieler führt 2 Pucks, jeder Spieler führt einen Puck im Slalom,
- führt einen Puck 360° um die Hütchen oder rückwärts.
- Der Vordermann fährt zunächst bis zu einer vorgegebenen Linie.

Offene Tore

Spielidee:
2 gekennzeichnete Mannschaften spielen gegeneinander auf 3 im Raum verteilte Hütchentore. Ziel ist es, einen Pass so durch ein Tor zu spielen, dass ein Mitspieler ihn annehmen kann, ohne dass ein Gegner dazwischen geht. Jeder erfolgreich gespielte Pass zählt einen Punkt. Eine Mannschaft bleibt so lange im Angriff bis der Gegner an den Puck kommt. Es darf nicht zweimal durch dasselbe Tor gespielt werden.

Spielerzahl:
ab 12

Material:
Schlittschuhe und einen Hockeyschläger für jeden Spieler, einen Puck und 3 Hütchentore, Leibchen

Ort:
Eisfläche

Zeit:
ab 10 Minuten

Mini-Eishockey

Spielidee:
Zwei Mannschaften spielen 3:3 oder 4:4 Eishockey gegeneinander ohne Abseitsregel mit oder ohne Torwart. Hartes körperliches Spiel wie z.B. Stoßen, Checken, Rempeln, Stockschlagen oder Hakeln sollte verboten werden.

Spielerzahl:
ab 6

Material:
Schlittschuhe und einen Eishockeyschläger für jeden Spieler, 2 Tore, 1 Puck

Ort:
Eisfläche

Zeit:
ab 10 Minuten

Variationen:
- 4:4 als Nummernspiel: Die Spieler werden durchnummeriert, der Spielerleiter ruft die Zahlen 1, 4, 5 und 8. Die Spieler beider Mannschaften mit den aufgerufenen Mannschaften spielen gegeneinander bis ein Tor fällt oder der Spielleiter neue Nummern ruft.
- 3 Mannschaften spielen gegeneinander, fällt ein Tor, wechselt die wartende Mannschaft ein, die Mannschaft, die das Tor bekommen hat, aus.
- Spiel auf 4 Tore: Es wird 4:4, 5:5 oder 6:6 auf 4 Tore gespielt, jeweils 2 stehen auf den Grundlinien, d.h. beide Mannschaften verteidigen 2 Tore und greifen auf 2 Tore an.
- 7:7 oder 8:8 auf Linientore
- Spiel auf 3 Tore: 3 Tore stehen im Dreieck, 3 Mannschaften sielen gegeneinander: Mannschaft 1 spielt auf Tor 2, Mannschaft 2 auf Tor 3 und Mannschaft 3 auf Tor 1.

Staffeln

Staffeln sind sehr beliebt und lassen sich vielseitig anwenden. Vor allem, wenn nicht ausreichend Material zur Verfügung steht, reicht es häufig aus, wenn nur jede Mannschaft ein Fahrzeug besitzt. Alle Spieler einer Mannschaft müssen nacheinander so schnell wie möglich eine bestimmte Strecke zurücklegen. Dabei können Hindernisse überwunden, Geräte wie Bälle oder Reifen mitgeführt, die Ausgangsposition oder Fortbewegungsart verändert, mit einem Partner zusammen gestartet oder Sonderaufgaben erledigt werden. Folgende Aspekte sollten bei der Durchführung berücksichtigt werden:

- Nicht zu große sondern mehrere kleine Mannschaften bilden. Dadurch entsteht ein besseres Verhältnis zwischen Belastung und Pause und eine lange, langweilige Pause wird vermieden.
- Nur Aufgaben wählen, die alle Kinder beherrschen.
- Klare Wechselmodalitäten festlegen, z.B. Abschlagen, Staffelübergabe, um die Mannschaft herumfahren und dann abschlagen oder Wechselzonen festlegen (z.B. auf einer Matte).
- Eindeutige Siegerermittlung: Bei 4 Mannschaften könnte die Punktevergabe so aussehen, dass der Sieger 4 Punkte, der Zweite 3 Punkte, der Dritte 2 Punkte und der Letzte einen Punkt bekommt. Mogler erhalten 0 Punkte.
- Bei nicht gleich großen Mannschaften müssen ein oder mehrere Spieler doppelt fahren. Man zählt die Gesamtzahl der zu fahrenden Teilstrecken der Mannschaft mit den meisten Spielern, z.B. 4 Spieler, jeder Spieler fährt dreimal, also gibt es insgesamt 12 Teilstrecken. Das bedeutet für Dreiermannschaften, dass jeder Spieler viermal fahren muss.
- Die Streckenlänge sollte nicht zu lang sein, damit es für die Wartenden nicht langweilig wird. Stattdessen lieber mehrere Durchgänge fahren.

Als Organisationsformen bieten sich die Pendelstaffel, die Umkehrstaffel oder die Rundenstaffel an.

Pendelstaffel
(für beliebig viele Mannschaften)
Jede Mannschaft wird in 2 gleich große Gruppen aufgeteilt, die sich gegenüber stehen. Die Staffel ist dann beendet, wenn entweder jeder Spieler wieder auf seiner Ausgangsposition steht oder wenn er eine vorgegebene Anzahl von Durchgängen absolviert hat. Haben die Mannschaften eine ungerade Teilnehmerzahl, muss am Startpunkt ein Spieler mehr stehen.

Umkehrstaffel
(für beliebig viele Mannschaften)
Alle Spieler einer Mannschaft starten an einem festgelegten Startpunkt, umrunden eine Wendemarke und schicken an der Startmarkierung den nächsten Spieler ins Rennen.

Rundenstaffel oder Vierecksstaffel
Jeder Spieler fährt einmal um den Kreis oder das Viereck herum bis zu seiner Ausgangsposition und schlägt dort den nächsten Spieler seiner Mannschaft ab.

Zusätzlich gibt es noch eine Vielzahl von Staffeln, bei denen die Spieler eine bestimmte Aufgabe erledigen oder lösen müssen, wie zum Beispiel puzzlen oder Bingo spielen. Ein Vorteil der Aufgabe liegt darin, dass nicht automatisch die physische stärkste Mannschaft gewinnt, sondern dass Faktoren wie Cleverness und Geschicklichkeit, aber auch Zufall und Glück über Sieg und Niederlage mit entscheiden.

Staffelwechsel können durch Handschlag, die Übergabe eines Staffelstabes oder einer leeren Plastikflasche, durch Anschieben oder Schleudern erfolgen.

Sofern nicht anders gekennzeichnet, sind die vorgestellten Staffeln mit Fahrrädern, Rollbrettern, Inlinern, Skateboards, Skiern und Schlittschuhen durchführbar. Bei Fahrrad-, Rollbrett-, Skateboard- oder Schlittenstaffeln ist es nicht notwendig, dass jeder Spieler ein Sportgerät besitzt. Häufig reicht z.B. ein Rad pro Mannschaft, das an den

Nachfolger übergeben wird. Bei Inlinern, Schlittschuhen oder Skiern braucht jeder Spieler wegen zu unterschiedlicher Schuhgrößen eigenes Material. Man kann allerdings bei Inlinestaffeln problemlos auch „Fußgänger" einbauen.

Zu jeder Staffel gibt es – je nach gewähltem Sportgerät – folgende Variationsmöglichkeiten:
Fahrrad:
- Fahrweise verändern: rollen, einhändig, freihändig, Laufrad, im Stehen, auf dem Hinweg nur mit dem linken, auf dem Rückweg nur mit dem rechten Bein treten
- Fahrposition verändern: auf dem Gepäckträger, als Laufrad mit einem sehr niedrigen Sattel
- Fahrstrecke verändern: Slalom, Hindernisse
- Gegenstände oder Kleidungsstücke mitnehmen: Eierlaufen, Wasser transportieren, Luftballon auf dem Sattel einklemmen, Bälle dribbeln oder führen
- Mit einem Partner fahren: auf einem Rad, mit Hand- oder Schulterfassung, mit gegenseitigem Festhalten des Lenkers

Inliner/Schlittschuhe:
- Fahrtrichtung verändern: vorwärts, rückwärts, kombiniert
- Fahrtechnik verändern: Sanduhr, Parallelslalom, Duck-Walk, „laufen", mit Hoch-Tiefbewegungen, Eierlaufen oder cross-over, mit den Händen auf dem Rücken oder vor der Brust verschränkt
- Hindernisse einbauen: über Teppichfliesen, Seilchen, Bänke, über/unter einer gespannten Schnur, durch einen in einer Linie oder versetzt gesteckten Slalomparcours
- Mit einem Partner oder mehreren: Handfassung, durch ein Seil/Reifen verbunden, hintereinander mit Schulterfassung oder einem Ball dazwischen, ziehen, schieben
- Zusatzaufgaben: einen Ball dribbeln, mit einem Fuß/einen Schläger führen, hochspielen oder prellen, einen Luftballon hochspielen oder zwischen die Beine klemmen, etwas transportieren, Eierlaufen

Rollbrett/Schlitten:
- Fahrweise verändern: vorwärts, rückwärts
- Fahrposition verändern: Bauchlage, knien, sitzen
- Alleine oder mit Partner: ziehen, schieben
- Hindernisse: über Teppichfliesen, durch einen Tunnel/schmale Gasse, um Hütchen
- Zusatzaufgaben: einen Ball führen oder prellen, mit einem Hockeyschläger einen Ball führen, mit einem Tennis- oder Tischtennisschläger einen Ball prellen, einen Tischtennisball pusten, einen Luftballon in der Luft halten

Wichtig bei allen Staffeln ist es, genug Platz zum Ausrollen zu haben.

Würfelstaffel (1)
Rundenstaffel, Aufgabenstaffel

Spielidee:
Vier Mannschaften mit 4 bis 6 Fahrern verteilen sich an den Ecken des Spielfeldes. Jede Mannschaft hat einen Würfel. Die Startfahrer würfeln und fahren so viele Runden um das Spielfeld, wie sie gewürfelt haben. Anschließend würfelt der zweite Fahrer und fährt die gewürfelte Augenzahl um das Spielfeld. Die anderen Spieler der Mannschaft addieren die Runden. Welche Mannschaft ist zuerst 50, 80 oder 100 Runden gefahren?

Spielerzahl:
ab 8

Material:
für jede Mannschaft einen Würfel

Variationen:
- Es muss ein Slalomparcours durchfahren werden.
- Die Spieler müssen rückwärts fahren oder über Hindernisse springen.
- Zusatzaufgaben
- Fahrweise/Fahrstrecke verändern

Würfelstaffel (2)
Umkehrstaffel, Aufgabenstaffel

Spielidee:
2 oder mehr Mannschaften spielen gegeneinander. Ziel ist es, als erstes Team eine vorher festgelegte Augenzahl, z.B. 55, genau zu würfeln. Die Startfahrer würfeln, fahren um die Umkehrmarke und schlagen den nächsten Fahrer ab. Dieser würfelt, addiert laut die gewürfelte Augenzahl dazu und fährt los.

Spielerzahl:
ab 4

Material:
für jede Mannschaft einen Würfel und eine Umkehrmarkel

Variationen:
- Dart: Wie beim Dart wird von einer festgelegten Ausgangszahl, z.B. 51 oder 101, rückwärts auf 0 gewürfelt. Man muss also jede gewürfelte Zahl subtrahieren.

Würfelstaffel (3)
Rundenstaffel oder Umkehrstaffel

Spielidee:
2 oder mehr Mannschaften spielen gegeneinander. Die jeweiligen Startfahrer würfeln mit 2 Würfeln. Ein Würfel bestimmt, wie viele Runden oder Strecken die Fahrer fahren müssen, der zweite Würfel bestimmt die Fahrweise, z.B. für Inliner
1 = beliebig
2 = Slalom parallel
3 = Sanduhr
4 = rollern
5 = Slalom mit kreuzen
6 = rückwärts
Welche Mannschaft hat nach 10 Minuten die meisten Punkte? Die Punkte müssen laut mitgezählt werden.

Spielerzahl:
ab 4

Material:
für jede Mannschaft einen Würfel

Variationen:
- Zusatzaufgaben
- Fahrweise/Fahrstrecke verändern

Puzzlestaffel
Umkehrstaffel, Aufgabenstaffel

Spielidee:
2 oder mehr Mannschaften fahren gegeneinander. Die jeweiligen Startfahrer fahren bis zur Wendemarke, heben dort ein Puzzleteil auf, bringen es zu ihrer Mannschaft und schlagen den nächsten Fahrer ab. Alle übrigen Spieler, die nicht fahren, setzen das Puzzle zusammen. Die Mannschaft, die das Puzzle zuerst fertig hat, ist Sieger.

Spielerzahl:
ab 4

Material:
für jede Mannschaft ein Puzzle mit 20 bis 50 Teilen. Puzzles können auch selbst erstellt werden

Variationen:
- Zusatzaufgaben
- Fahrweise/Fahrstrecke verändern

4-Ecken-Staffel

Spielidee:
4 Mannschaften postieren sich jeweils an einer Ecke des Spielfeldes. Die Startfahrer jeder Mannschaft starten aus ihrer Ecke, fahren alle um ein Hütchen, das in der Mitte des Spielfeldes steht, und anschließend wieder zu ihrer Gruppe zurück, wo sie den nächsten Fahrer abschlagen.

Spielerzahl:
ab 8

Material:
1 Mittelhütchen

Kartenstaffel
Umkehrstaffel, Aufgabenstaffel

Spielidee:
2 oder mehr Mannschaften spielen gegeneinander. Jeder Mannschaft gegenüber liegen verdeckt 9 Karten von der 1 bis zur 9 oder beim Skatspiel alle Karten einer Farbe. Die Startfahrer jeder Mannschaft fahren zu den Karten und drehen eine Karte um. Ist es die 1 (oder bei den Skatkarten die 7), darf sie aufgedeckt liegen bleiben. Ist es eine andere Zahl, muss sie wieder umgedreht werden. Der Spieler fahren zu seiner Mannschaft zurück und der nächste Fahrer startet. Gewinner ist die Mannschaft, die zuerst alle Katen der Reihe nach aufgedeckt hat. Die Spieler dürfen sich Tipps geben.

Spielerzahl:
ab 4

Material:
1 Skatspiel oder für jede Mannschaft Karten mit den Ziffern 1-9

Variationen:
- Ein komplettes Skatspiel ohne Asse wird auf der gegenüberliegenden Seite über die ganze Spielfeldbreite verdeckt verteilt. Jede der 4 Mannschaften zieht ein As, das die Farbe der zu suchenden Spielkarten bestimmt. Auf ein Startkommando fahren die 4 Startfahrer zur gegenüberliegenden Seite und decken eine beliebige Karte um. Hat diese Karte die Mannschaftsfarbe, darf der Fahrer sie mitnehmen. Ist e eine andere Farbe, muss der Spieler die Karte wieder umdrehen, ohne Karte zu seiner Mannschaft zurück fahren und den nächsten Fahrer abschlagen. Sieger ist, wer zuerst im Besitz aller Karten seiner Farbe ist.
- Mit einem Partner, als ganze Gruppe fahren, die Fahrtechnik oder Fahrtrichtung verändern oder beim Fahren Zusatzaufgaben erledigen.

Rundenstaffel

Spielidee:
4 bis 8 Mannschaften mit 4 bis 6 Spielern stellen sich jeweils auf eine der kreisförmig angeordneten Matten oder Markierungen. Die Startfahrer aller Teams fahren eine Runde um die Matten herum und schlagen jeweils den zweiten Fahrer auf ihrer Matte ab. Welche Mannschaft steht zuerst wieder komplett auf ihrer Ausgangsposition?

Spielerzahl:
ab 16

Material:
Für jede Mannschaft eine Matte oder einen mit Kreide aufgemalten Kreis

Variationen:
Verändern der Fahrtrichtung oder Einbauen von Hindernissen.

Begegnungsstaffel

Spielidee:
6 bis 8 Spieler pro Mannschaft stellen sich wie bei einer Pendelstaffel auf. Die ersten beiden Spieler jeder Mannschaft starten aufeinander zu. Wenn sie sich begegnen fahren sie einmal umeinander und wieder zurück auf ihre Seite. Dort schlagen sie den nächsten Spieler ab.

Spielerzahl:
ab 12

Variation:
- Zusatzaufgaben
- Fahrweise/Fahrstrecke verändern

Pendelstaffel gegen Kreisstaffel

Spielidee:
Jede Mannschaft hat 4 bis 8 Spieler. Mannschaft A stellt sich so im Kreis auf, dass die Startposition doppelt besetzt ist. Startfahrer A fährt bis zu seinem Nebenmann und schlägt ihn ab, B fährt zu C usw. Es wird so lange gefahren, bis jeder Spieler wieder auf seiner Ausgangsposition steht. In dieser Zeit fährt Mannschaft B in Form einer Pendelstaffel so oft wie möglich hin und her. Anschließend werden die Aufgaben gewechselt. Welche Mannschaft schafft mehr Pendel-Bahnen?

Spielerzahl:
ab 8

Klotz am Bein

Spielidee:
4 bis 6 Spieler bilden eine Mannschaft. Alle Spieler starten gemeinsam und fahren durch einen Parcours. Dabei halten sie den Vordermann an den Schultern fest. Die jeweilige Verlierermannschaft eines Durchgangs darf einen Spieler an den Sieger abgeben, so dass die Mannschaften mit der Zeit unterschiedlich groß werden und die Sieger häufiger wechseln.

Spielerzahl:
ab 12

Handicap-Staffel
Umkehrstaffel

Spielidee:
Die Startfahrer jeder Mannschaft fahren um eine Wendemarkierung und schlagen den nächsten Spieler ab. Die jeweilige Verlierermannschaft eines Staffeldurchgangs darf für den nächsten Durchgang die Wendemarke der Siegermannschaft weiter weg stellen, so dass der Weg länger wird.

Spielerzahl:
ab 6

Material:
eine Wendemarkierung für jede Mannschaft

Variationen:
Mit einem Partner, als ganze Gruppe fahren, die Fahrtechnik oder Fahrtrichtung verändern oder beim Fahren Zusatzaufgaben erledigen.

Wachsen und schrumpfen

Spielidee:
4 bis 6 Spieler bilden eine Mannschaft. Die Startspieler fahren um ein Markierungshütchen und wieder zu ihrer Mannschaft zurück. Dort holen sie den zweiten Fahrer ab und beide fahren zusammen (mit Handfassung, an der Hüfte oder Schulter angehängt) um das Hütchen und wieder zu ihrer Mannschaft zurück. Beide holen dann den dritten Fahrer ab. Sind alle Spieler einer Mannschaft einmal alle zusammen gefahren, koppelt sich zunächst der Startfahrer ab, anschließend der 2. Spieler usw. Welche Mannschaft erreicht so als erste mit ihrem Schlussfahrer wieder die Ausgangsposition?

Spielerzahl:
ab 8

Linienpendel-Staffel
Pendel- oder Umkehrstaffel

Spielidee:
Es werden Linien festgelegt, die jeder Fahrer in der vorgegebenen Weise anfahren und berühren muss.

Spielerzahl:
ab 4

Variationen:
- Die Linien müssen nur mit einer Hand oder einem Knie berührt werden.
- Die Spieler fahren hin und zurück.
- Nach jeder Linie muss man erst wieder zur eigenen Grundlinie zurück fahren.
- Vorwärts und rückwärts im Wechsel fahren.
- Zusatzaufgaben ausführen.

Bingo
Umkehrstaffel, Aufgabenstaffel

Spielidee:
2 oder mehr Mannschaften spielen gegeneinander Bingo. Jede Mannschaft hat ein Bingo-Spielbrett. Auf der gegenüberliegenden Seite jeder Mannschaft liegen verdeckt Bingo-Kärtchen. Die Startfahrer jeder Mannschaft fahren zu ihren Zahlenkärtchen, nehmen eins, fahren damit zu ihrer Mannschaft zurück und schlagen den nächsten Spieler ab. Diejenige Mannschaft, die zuerst das ganze Spielbrett oder eine Reihe komplett hat, ruft laut „Bingo" und gewinnt. Jeder Spieler darf pro Fahrt nur ein Zahlenkärtchen holen.

Spielerzahl:
ab 4

Material:
Pro Mannschaft ein Bingo-Spielbrett und die dazu gehörigen Zahlenkärtchen

Variationen:
- Die Spieler fahren rückwärts.
- Die Fahrtechnik wird vorgegeben, Zusatzaufgaben müssen erfüllt werden oder es muss mit einem oder mehreren Partner gemeinsam gefahren werden.

Wurfstaffel
Pendel- oder Umkehrstaffel

Spielidee:
Im Fahren müssen 2 bis 4 Ringe über 2 bis Ständer geworfen werden oder alternativ ebenso viele Bierdeckel in Eimer. Welche Mannschaft erzielt die meisten Treffer?

Spielerzahl:
ab 6

Material:
für jede Mannschaft 2-4 Ringe und Ständer oder 2-4 Bierdeckel und Eimer

Memorystaffel
Umkehrstaffel, Aufgabenstaffel

Spielidee:
Je nach Gruppengröße spielen 2 oder mehr Mannschaften gegeneinander. Jeder Mannschaft gegenüber liegen verdeckt und gemischt mehrere Memory-Pärchen. Ziel ist es, als erste Mannschaft alle Pärchen zum Startpunkt zurückzubringen.
Der erste Fahrer fährt zu den Karten, deckt eine Memorykarte um, fährt zurück und klatscht den zweiten Fahrer ab. Dieser fährt zu den Karten und deckt eine zweite um. Ergibt sich ein Pärchen, darf er es zu seiner Mannschaft zurück fahren. Liegen zwei verschiedene Karten aufgedeckt, muss er beide wieder umdrehen und ohne Karten zurück fahren.
Die Spieler dürfen untereinander besprechen, welche Karte wo liegt.

Spielerzahl:
ab 6 Spieler

Material:
für jede Mannschaft 4-8 Memory-Pärchen

Variationen:
Fortbewegung verändern, Hindernisse einbauen, Slalom fahren, gemeinsam mit einem Partner fahren, einen Ball dribbeln oder mitführen.

Eckenrennen
Rundenstaffel

Spielidee:
2 unterschiedlich gekennzeichnete Mannschaften mit mindestens 10 Spielern fahren gegeneinander. Alle vier Ecken des Spielfeldes werden von beiden Mannschaften gleichmäßig besetzt. Die Spieler befinden sich innerhalb des Feldes, gefahren wird außen herum. Nur der jeweils nächste Fahrer darf die Rennstrecke kurz vor dem Wechsel betreten. Die Startfahrer beider Mannschaften befinden sich diagonal gegenüber. Jeder Fahrer fährt so schnell es geht zur nächsten Ecke und übergibt dem dort wartenden Mannschaftskollegen das Rollbrett. Das Rennen ist beendet, wenn eine Mannschaft eingeholt wird oder ein Schlusssignal ertönt. Sieger ist die Mannschaft, die mehr gefahren ist.

Spielerzahl:
ab 10

Leinen los
Inliner, Schlittschuhe, Schlitten

Spielidee:
2 oder mehr Mannschaften spielen gegeneinander. Die jeweiligen Startspieler fahren mit einem langen Seil in der Hand bis zu einer vorgegebenen Markierung. Dort lassen sie sich von ihrer Mannschaft, die das andere Ende des Seils festhält, zurückziehen.

Spielerzahl:
ab 8

Material:
für jede Mannschaft 1 langes Seil

Variationen:
Rückwärts oder mit geschlossenen Augen gezogen werden.

Turmbaustaffel
Umkehrstaffel

Spielidee:
Jeder Spieler muss einen Holzklotz zur Wendemarke bringen, dort auf dem Boden zu einem Turm stapeln, zurück zu seiner Mannschaft fahren und den nächsten Spieler abschlagen.

Spielerzahl:
ab 4

Material:
für jeden Fahrer 4-8 Holzklötze

Variationen:
- Zusatzaufgaben
- Fahrweise/Fahrstrecke verändern

Wer braucht die wenigsten Schritte?
Inliner, Skateboard, Schlittschuhe, Skier

Spielidee:
Jeder Spieler einer Mannschaft absolviert die vorgegebene Strecke mit möglichst wenig Schritten. Alle Schritte der Mannschaft werden addiert. Welche Mannschaft hat am Ende die wenigsten Schritte gebraucht?

Spielerzahl:
ab 4

Weiterführende Literatur

Bucher, W.: 1017 Spiel- und Übungsformen für Skifahren, Carving, Skilanglauf, BigFoot, Snowblade und Snowboard. Schorndorf 2003.

Bucher, W.: 1018 Spiel- und Übungsformen auf Rollen und Rädern. Schorndorf 1994.

Döbler, E. & H.: Kleine Spiele. München 2003.

Gommlich, J.: Auf die Rollbretter – fertig? – los! In: Praxis in Bewegung, Sport & Spiel 3/2007, S. 10 - 15.

Kössler, C.: Skatepark in der Turnhalle. In: Praxis in Bewegung, Sport & Spiel 3/2007, S. 16 - 21.

Lange, A./Sinning, S.: Das Rollbrett – ein Sportgerät mit vielen Möglichkeiten. In: SportPraxis 3/2005.

Lange, A./Sinning, S.: Spiele im Wasser. Wiebelsheim 2005.

Lange, A./Sinning, S.: Neue und bewährte Ballspiele für Schule und Verein. Wiebelsheim 2007.

Lehner, P.: Outdoorsport – eine tolle Erlebniswelt! In: Mobile 3/01 S. 1 - 12.

Möller, N.: Das Rollbrett. Mülheim 2003.

Nagel, V.: In-Line-Skating. In: Der Übungsleiter Sammelband 6, S. 183 - 189.

Rebischke, P.: Inlinehockey. In: Praxis in Bewegung, Sport & Spiel 3/2007, S. 34 - 38.

Übelacker, H.: Mountain-Biking. In: Der Übungsleiter Sammelband 6, S. 191 - 196.

Die „Erfolgreichen"

Yvonne Bechheim
Erfolgreiche Kooperationsspiele
Soziales Lernen durch Spiel und Sport

Die in diesem Buch vorgestellten Kooperativen Spiele eignen sich neben dem Sportunterricht in Schule und Verein auch für Kindergärten, Kindergeburtstage sowie für Freizeit und Urlaub. Sie können nahezu überall eingesetzt werden, sei es in der Halle oder im Freien.

2. erweiterte Auflage 2008. 104 S., zahlr. Abb., kart.,
ISBN 978-3-7853-1780-8, Best.-Nr. 343-01780   **€ 10,95***

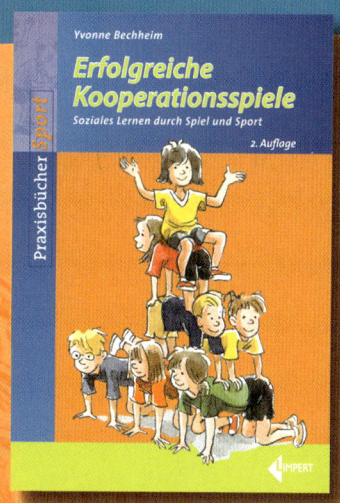

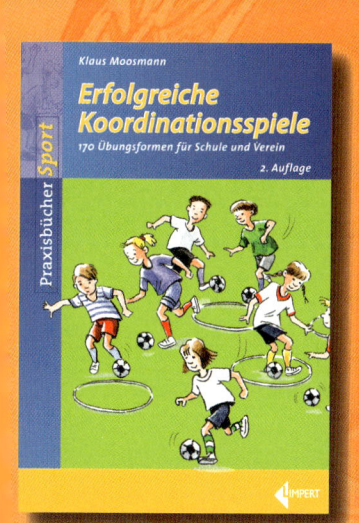

Klaus Moosmann
Erfolgreiche Koordinationsspiele
170 Übungsformen für Schule und Verein

170 erfolgreiche und bewährte Spiele zur Schulung der koordinativen Fähigkeiten. Die Spiele können in das Aufwärmprogramm zu Beginn einer Übungsstunde integriert werden oder einen eigenen Schwerpunkt innerhalb des Trainings bilden.

2. erweiterte Auflage 2008. 102 S., zahlr. Abb., kart.
ISBN 978-3-7853-1777-8, Best.-Nr. 343-01777   **€ 9,95***

Gerhard Frank/Bärbel Eckers
Erfolgreiche Bewegungsförderung für Kinder
Eine Übungssammlung mit Alltagsmaterialien und Kleingeräten

Für viele der hier vorgestellten Spiele und Übungen genügen Alltagsgegenstände wie Zeitungen, Luftballons und Teppichfliesen oder Kleingeräte.

4. vollig überarbeitete Auflage, 2007. 119 S., zahlr. Abb., kart.
ISBN 978-3-7853-1720-4, Best.-Nr. 343-01720   **€ 14,95***

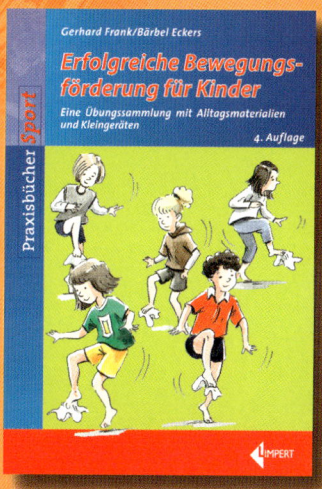

LIMPERT

Limpert Verlag GmbH
Industriepark 3 · 56291 Wiebelsheim
Tel. 06766/903-160 · Fax 06766/903-320 · E-Mail: vertrieb@limpert.de

www.verlagsgemeinschaft.com

Michael Bieligk
Erlebnissport in der Halle
Erfolgreiche Spiele und Übungen mit einfachem Gerät

Praxisbücher Sport

110 S., zahlreiche Abb., Kt.
ISBN 978-3-7853-1753-2
Best.-Nr. 343-01753

€ 14,95*

LIMPERT

Limpert Verlag GmbH
Industriepark 3 · 56291 Wiebelsheim
Tel. 06766/903-160 · Fax 06766/903-320

www.verlagsgemeinschaft.com

* Preisänderung vorbehalten

Klassengemeinschaft stärken!

Erlebnispädagogische Aktionen fördern bei Kindern und Jugendlichen das soziale Lernen in besonderer Weise. Sie unterstützen Kreativität, Kooperationsbereitschaft und Motivation. Daher bilden sie auch im Sportunterricht längst eine sinnvolle Ergänzung zu traditionellen Sportarten.

Der Erfolg des erlebnissportlichen Unterrichts hängt aber wesentlich von der Auswahl der Inhalte und Methoden ab. Michael Bieligk stellt in diesem Buch deshalb ausschließlich langjährig im Schul- und Vereinssport erprobte und bewährte Spiel- und Übungsformen vor, die ohne großen organisatorischen und materiellen Aufwand auskommen. Auf waghalsige, riskante Großgerätestationen, die zudem im Rahmen des regulären Sportunterrichts aus zeitlichen Gründen nicht zum Tragen kommen können, wird bewusst verzichtet.